Tudo o que você queria saber
sobre uma amante
e...
... tinha medo de perguntar

P978t

Puglia, Marcelo.
Tudo o que você queria saber sobre uma amante-e tinha medo de perguntar / Marcelo Puglia.
Rio de Janeiro: Letras e Expressões;
São Paulo: Madras, 2000.
176 p.: 14x21cm.

ISBN 85-7374-341-7

1. Adultério – Humor, sátira, etc. 2. Homens – Comportamento sexual – Humor, sátira, etc. I Título.

CDD-306.73

Marcelo Puglia

Tudo o que você queria saber
sobre
uma amante
e...
... tinha medo de perguntar

© 2000, WB Editores

Editor:
Emílio Bruno
Wagner Veneziani Costa

Produção e Capa:
Equipe Técnica Madras

Ilustração da Capa:
Renata Guedes Pacces

Revisão:
Patrícia Pappalardo
Wilson Ryoji Imoto
Neila Lourenço e Lourenço

ISBN 85-7374-341-7

Proibida a reprodução total ou parcial desta obra, de qualquer forma ou por qualquer meio eletrônico, mecânico, inclusive por meio de processos xerográficos, sem permissão expressa do editor (Lei nº 9.610, de 19.2.98).

Todos os direitos desta edição, para a língua portuguesa, reservados pela

WB Editores
São Paulo
Rua Francisco Baruel, 70 — Santana
02403-026 — São Paulo — SP
Caixa Postal 12299 — CEP 02098-970 — SP
Tel.: (0_ _11) 6959.1127 — Fax: (0_ _11) 6959.3090
http://www.madras.com.br

Rio de Janeiro
Rua Assunção, 220 — Botafogo
22251-030 — Rio de Janeiro — RJ
Tel.: (0_ _21) 527-0444

Dedico este livro a...

a minha mãe e a minha madrinha; onde elas estão tenho certeza que compartem minha felicidade. A minha querida tia Maruja, a Gerardo, que apesar da distância é cada dia mais amigo, ao meu pai, inspirador incondicional de alguns trechos deste livro, e principalmente às mulheres, sem as quais as fantasias nunca seriam realidades e os sonhos jamais aconteceriam. A elas que são meu passado, meu presente e meu futuro.

OBRIGADO

Índice

Prefácio I – Para Todos 11
Prefácio II – Para as Esposas 13
Prefácio III – Para os Maridos 15
Capítulo I – Por que ter uma amante? 17
   Há justificativas para que um homem procure uma amante? 19
   Que tipo de traidor você é? 22
      O aproveitador 22
      O apaixonado 23
      O insatisfeito 24
      O inseguro 24
      O louco por sexo 25
      O conquistador 25
Capítulo II – Conquistando uma amante 27
   20 dicas para conquistar uma amante 29
Capítulo III – As amantes e seus signos 33
   Conquistando, Características e Cuidados 35
   A amante de Áries 36
   A amante de Touro 37
   A amante de Gêmeos 38
   A amante de Câncer 39
   A amante de Leão 41
   A amante de Virgem 42
   A amante de Libra 43
   A amante de Escorpião 44
   A amante de Sagitário 45
   A amante de Capricórnio 46

A amante de Aquário 46
A amante de Peixes 47

Capítulo IV – Tipos de amantes 49
   A Solteira 51
   A Casada 53
   A Comprometida 55
   A Viúva 55
   A Coroa 56
   A Ricaça 57
   A Psicopata 58
   A Colega de Serviço 59
   A Amiga da sua Mulher 60
   A Parente da sua Mulher 61
   A Solteirona 63
   O Homem 64
   A Vizinha 65
   A Bissexual 66
   A Secretária 66
   A Romântica-Apaixonada 67
   A Empregada Doméstica 68
   A Sadomasoquista 69
   A Ninfomaníaca 70
   A Prostituta 71
   A Interesseira 72
   A Melhor Amante de Todas 73

Capítulo V – Convivendo com mais de uma amante 75
   Detetive – seu inimigo invisível 81
   Coisas que você pode fazer se sentir que
   está sendo seguido 83

Capítulo VI – Sexo com as amantes 85
   Onde deverá ser o primeiro encontro sexual? 88
   Sexo com as amantes 89
   O que é ser bom de cama? 89
   Como ser um ótimo amante? 90
   Uma pessoa com ejaculação precoce é ruim de cama? 91
   Sexo oral 92
   Sexo anal 94

Penetração vaginal 95
Outras dicas importantes 96
Aids – A morte sem cheiro e sem cor 98
Capítulo VII – O que fazer quando sua mulher descobre tudo
(ou quase tudo) 99
   Com uma amante tudo pode acontecer; o que fazer se... 105
   10 maneiras nada convencionais e muito criativas de morrer,
   se sua mulher descobrir tudo 110
   Recebendo a amante na sua casa – Cuidados a seguir 112
   Coisas importantes que elas sempre esquecem
   na sua casa 113
      No quarto 113
      No banheiro 113
      Na cozinha 114
      Na sala 114

Capítulo VIII – Assumindo sua amante 117
   Virando-se sozinho 119
   Assumindo sua amante solteira 121
   Assumindo sua amante casada 123
   Como se desfazer da sua amante 125
   Você leva um fora da sua amante 128

Capítulo IX – Quando sua ex-esposa se torna sua amante 129
   7 pecados capitais do homem infiel 134

Capítulo Especial 135
   Estética 137
   Caráter, sexo e "otras cositas" 138
   Caráter 139
   Sexo 140
   Seu esposo tem uma amante
   Sintomas, atitudes e costumes 142
   O que fazer quando descobrir que ele tem uma amante 145

101 piadas — Sexo, Traição, Amantes e Casamentos 147
   Traição e amantes 149
   Maridos, esposas e casamentos 162
   Sexo, crianças e velhinhos 168

Prefácio I — Para Todos

O assunto infidelidade é tao importante que Deus lhe dedicou um dos dez Mandamentos (o 7º): **"Não adulterarás"** (além do 10º: "Não cobiçarás a mulher do próximo").

Em *Tudo o que você queria saber sobre uma amante e... tinha medo de perguntar*, o mandamento sofreu uma pequena modificação: "Não adulterarás... ou o farás tão bem, que tua esposa nunca descobrirá".

Numa linguagem clara, inteligente e bem-humorada, este livro o levará ao mundo das amantes, da traição e infidelidade.

Para os homens, mais que um livro, será um manual de sobrevivência.

Para as mulheres, a chance de saber como o homem pensa, age e, principalmente, trai.

Se, ao acabar de ler este livro, a sua sensação for de alegria e de *quero mais*, a missão foi alcançada.

Prefácio II — Para as Esposas

Se a senhora encontrou este livro escondido entre os pertences do seu marido, não fique brava; não quer dizer necessariamente que esteja sendo traída.

Sinceramente, é bem possível que isso possa estar acontecendo, e ele esteja lendo este livro para aproveitar todas as dicas, táticas, artimanhas e nunca ser descoberto.

Não faça escândalo, não entre em pânico; melhor do que isso, leia o livro e veja se os sintomas e atitudes do seu marido têm alguma coisa em comum com os fatos aqui narrados. Se assim o for, faça o que diz o capítulo especial dedicado às esposas que descobrem que estão sendo traídas.

Já pensou que seu marido pode tê-lo comprado para se divertir, dar risada, passar um momento ameno?

Se ele disser isso quando a senhora mostrar o livro numa mão e o rolo de macarrão na outra, acredite, também pode ser verdade.

Prefácio III — Para os Maridos

Minha senhora, este prefácio é para seu marido; por favor leia os prefácios I e II ou, então, comece a ler o livro. Obrigado.

Seu traidor (ou futuro infiel), lá vai a primeira dica: não leve este livro para casa, a não ser que você tenha um ótimo poder de convencimento ou que sua esposa seja 100% analfabeta.

O título e o teor do mesmo o denunciarão na hora.

Assim como este livro o ajudará a ser um *expert* na arte de trair, pode se tornar uma armadilha mortal se cair nas mãos erradas (da sua mulher!!!).

Lá vai a segunda dica: leia em primeiro lugar o capítulo especial (*Meu marido tem uma amante* — "perdão, eu tive que fazer isso"), mude as atitudes que possam comprometê-lo e suma com as páginas que um dia podem vir a entregá-lo (utilize o método que quiser: fogo, água, tesoura, etc.).

Boa leitura, divirta-se e aprenda a ter uma amante, mantendo seu casamento.

O AUTOR

Capítulo I

Por que ter uma amante?

Por que ter uma amante?

"A mulher precisa de um motivo para trair; o homem precisa apenas de uma mulher."

Os motivos que podem levá-lo a ter uma amante são mais complexos do que se possa imaginar. Desde a não compatibilidade sexual até a monotonia, que pode tomar conta do casal em determinada etapa do casamento.

Se sua mulher sexualmente o faz feliz, e você procura outra, a sua necessidade não é apenas sexual, e sim afetiva, sentimental, ou quem sabe apenas esteja procurando alguém que o escute, ou apenas uma conquista que eleve sua auto-estima.

Se você busca outro relacionamento porque sexualmente seu casamento não está funcionando, não se preocupe; é esse o motivo que leva 90% dos homens a procurar uma amante.

Quem não conhece casos de homens e suas amantes, e alguns deles se arrastando por vários anos, décadas, formando verdadeiras famílias paralelas? O mais engraçado é que eles dizem amar tanto sua esposa como sua amante.

Há justificativas para que um homem procure uma amante?

Teoricamente não; na prática, sim. Quando você casa, promete fidelidade, amar pela vida inteira sua esposa. Até o divórcio é condenado pela Igreja Católica. Acontece que ninguém sabe como é sua vida conjugal na intimidade, suas brigas, o sexo. Teoricamente, a fidelidade é uma obrigação, na prática muitos homens não cumprem com suas obrigações.

Com certeza depois de saber histórias de homens enganando suas esposas, podemos concluir que em muitos casos a traição foi inevitável.

O casal chega a essa situação por diversos motivos.

Casamentos arranjados ou por conveniência, uniões sem experiência sexual anterior, desgaste, incompatibilidade sexual, problemas econômicos, profissionais, de gênio e, em muitos casos, por uma gravidez indesejada que se transforma num casamento infeliz.

O homem muitas vezes trai para se auto-afirmar, para elevar sua auto-estima. Precisando provar a si mesmo que ainda pode conquistar, que é desejado e, principalmente, para querer saber se a infelicidade sexual (se é que acontece) é sua culpa ou da sua parceira.

A amante pode aparecer em qualquer etapa do casamento, mas estatisticamente surge depois dos três anos. É nessa fase que ocorre o reordenamento do matrimônio.

Se não conseguirem superar a crise dos três anos, o casamento fica com seqüelas quase que irreparáveis. E é nesse período que a maioria dos homens procura uma amante.

Muitas vezes, o homem ama a sua esposa e, mesmo assim, a engana. Uma linda família, filhos maravilhosos, bem-sucedido profissionalmente, mesmo assim este homem procura o prazer fora de casa.

Coisas que jamais um homem faria com sua esposa com certeza fará com sua amante. É a chance de realizar todas as fantasias, desde as sexuais até a do sabor do perigo, de estar fazendo algo proibido.

A falta de diálogo e comunicação entre o casal é uma das principais causas da traição.

Vamos ilustrar com um exemplo clássico: o da esposa que nunca faz sexo oral com o marido. Um dia ele não agüenta mais e procura alguém que o faça. Ou recorre aos serviços de uma prostituta ou se envolve com uma amante.

Não estou afirmando que todos os homens têm de trair suas mulheres porque não fazem sexo oral e, sim, que, se o casal pudesse dialogar e discutir certas pautas em relação a sua vida sexual, muitos casos de traição poderiam ser evitados.

O sabor do perigo é um chamariz fatal para que o homem tenha outra mulher. Muitas pessoas se excitam com o fato de fazer algo proibido, com a possibilidade de ser pego a qualquer momento.

Perigo que não ocorre nos seus felizes e tradicionais lares, já que o sexo com sua esposa depois de cinco ou dez anos de casamento não tem o sabor do proibido e, sim, do respeito e da amizade, muito mais do que o da aventura.

Certamente o prazer sexual depois de um certo tempo se transforma, para melhor ou pior. Depende de como o casal consiga conviver com o tempo, com a monotonia, com os filhos, os problemas econômicos e familiares.

É inevitável que tudo isso interfira num casamento, somente com muito amor e compreensão é possível ir em frente; caso contrário, ou existe a separação ou vai surgir uma amante (ou quem sabe um amante).

Que tipo de traidor você é?

A seguir, alguns dos tipos de traidores mais comuns; veja com qual ou quais você se identifica (ou quem sabe sua mulher ou amante o comparam):

O APROVEITADOR — Aproveita o momento, sem controle de qualidade, não se interessa pela aparência ou inteligência.

O APAIXONADO — Acredita que há paixão e paquera onde não existe, se apaixona por todas e, muitas vezes, isso o delata.

O INSATISFEITO — Não está feliz no casamento, é o clássico chato. Raramente vai se separar da sua esposa, prefere trair a dialogar.

O INSEGURO — Acredita que perdeu o poder da conquista, precisa seduzir para se sentir vivo.

O LOUCO POR SEXO — Precisa de sexo para ser feliz, com sua esposa não basta, é capaz de ter várias amantes (ao mesmo tempo!!!).

O CONQUISTADOR — Exerce constantemente o poder da conquista, é um mestre nesta arte, seduz e apaixona.

O APROVEITADOR — É o tipo clássico, sua presa pode aparecer a qualquer momento e em qualquer lugar ou, pior, com qualquer aparência.

A diferença fundamental com o CONQUISTADOR é que estes homens não têm uma obsessão pela conquista em si, mas pelo ato de aproveitar todas as chances que aparecem, sem importar se conquistou ou foi conquistado.

Não existe um padrão de qualidade, no que se refere à beleza e inteligência (para chegar a ISO 9000, lhe faltam uns 8999 ISOs), tentam se convencer de que todo ser que aparecer na sua frente é merecedor das suas atenções e que obrigatoriamente têm de "aproveitar" a chance que se está lhes apresentando.

O APROVEITADOR é impulsivo, não pensa nas conseqüências, o momento que está vivendo é o que importa.

Raramente se apaixona e seus casos são curtos, podendo ser apenas de uma noite ou uma tarde.

Pouco romântico, se assemelha aos LOUCOS POR SEXO, com o diferencial que os APROVEITADORES nem sempre são bons de cama. Para eles o prazer está no ato de "aproveitar todas as situações" e não no sexo.

O APAIXONADO — É aquele homem que se apaixona até pela atendente do posto de gasolina, somente porque ela sorriu quando lhe disse obrigado ao devolver o troco.

Vêem segundas intenções em tudo, acreditam que qualquer sinal é motivo para uma mulher estar se interessando por ele, ou vice-versa. Enxergam paixão, amor, paquera em gestos, palavras e ações que nenhum outro tipo de homem veria.

São os típicos amantes à moda antiga, aqueles que ainda mandam flores, cartões e bilhetinhos dizendo para a outra que a amam, que não podem viver sem ela. É provável que um dia liguem para sua amante escondido no banheiro e com o chuveiro aberto, para dizer "te amo".

Por essa exagerada entrega, estes homens são alvo fácil das esposas e quase sempre são desmascarados. Sua mudança de comportamento é evidente (mudança esta que pode ser para os dois lados, alegria ou tristeza sem motivo aparente).

O APAIXONADO não é o homem indicado para ter uma amante, seu grau de envolvimento é tão grande que ocasionalmente acaba estragando sua vida familiar e até, às vezes, profissional.

São geralmente bons maridos, carinhosos, dedicados e provavelmente apaixonados por suas esposas (e por todas as mulheres que aparecerem na sua frente com um sorriso meigo e delicado).

O INSATISFEITO — Desconforme com seu casamento, e na maioria das vezes não adepto a mudanças, este homem desconta a sua insatisfação por meio da traição.

Não é o tipo de homem que se apaixona por sua amante, ela é apenas uma fuga, uma "satisfação" momentânea, necessária e imprescindível para continuar vivendo sua insatisfatória vida.

Se o problema no seu casamento for principalmente no âmbito sexual, procurará amantes apenas para suprir essa lacuna, nunca para se relacionar ou ter um caso duradouro.

Geralmente são homens tristes, mal-humorados, estressados, sem coragem para tomar atitudes como a separação ou o simples diálogo, que poderia ser a solução do seu problema.

O INSEGURO — Não confia em seu poder de sedução, acha que nunca é amado e tem um terrível medo de ser abandonado.

Acredita que a qualquer momento seu relacionamento pode ruir e se protege antes que isso aconteça do modo mais mesquinho, traindo sua companheira.

Não se envolve com sua amante, ela é apenas uma fuga, para lhe dar a segurança e a certeza de que ainda pode exercer o poder da sedução com total sucesso.

São geralmente muito vaidosos (sempre cuidando do cabelo, das roupas e do corpo), acreditam que, pela sua idade ou aparência, nenhuma mulher se envolveria com eles, por isso partem para a conquista de todo ser vivo que se mexa ao seu redor.

Estes homens traem para demonstrar a si mesmos seu poder e não para se vangloriar por ter um caso extraconjugal. Se sentem seguros seduzindo.

Não necessariamente o INSEGURO chega até o ato sexual com a sua amante (ou conquista). Às vezes, saber que alguém está interessado nele é o suficiente para sua auto-estima subir aos céus.

Assim como os APAIXONADOS, são bons maridos e suas esposas na maioria das vezes não têm a menor culpa pelas suas puladas de cerca.

O LOUCO POR SEXO — Se trata de um dos casos com poucas chances de recuperação. O louco por sexo ou compulsivo sexual precisa do sexo como você precisa do ar.

Muitas esposas conseguem acompanhar o pique dessas verdadeiras *sex machines*, ou acham que conseguem.

Para eles a vulgarmente denominada "carne nova" é fundamental para sua felicidade sexual. Precisam de várias parceiras. Não podemos considerar que este homem tenha casos amorosos, são sim transas, na maioria das vezes sem nenhum vínculo sentimental ou romântico (cuidado, na hora do sexo ou da conquista, desfila todo seu charme e sedução).

Não se conforma com uma transa rapidinha, no mínimo algumas horas; por isso são facilmente identificados por suas esposas. São tão grandes a necessidade e o prazer que o sexo lhe proporciona, que é capaz de dormir (é apenas uma expressão) alguma noite fora da sua casa.

São ótimos amantes, capazes de conseguir ereções durante horas e chegar ao orgasmo várias vezes sem nenhuma dificuldade.

Podem tranqüilamente chegar em casa depois de uma tarde de sexo com sua amante e ainda fazer amor com sua esposa durante horas sem que ela sequer suspeite de que ele estava com a outra (este é um dos motivos pelos quais algumas mulheres acreditam fielmente no seu marido. "Tenho certeza de que ele não tem outra, a gente se dá muito bem na cama.").

Este homem não trai por não amar sua parceira, mas, sim, por uma necessidade de sexo, algo que realmente o faz feliz.

O CONQUISTADOR — É uma mistura de alguns dos homens acima. Tem um pouco do INSEGURO, do APROVEITADOR e do APAIXONADO.

Precisa estar constantemente com alguém na mira, é um franco atirador nato.

Gosta de seduzir, não mede esforços para conseguir o que deseja; não é apenas um conquistador, é um caçador, muitas vezes inescrupuloso, capaz de tudo para alcançar seu objetivo.

Um verdadeiro destruidor de corações. As artimanhas usadas na fase da sedução são tão efetivas que, além de conquistar, deixam as mulheres realmente apaixonadas; é o Casanova dos tempos modernos.

Costumam tomar o mando no relacionamento, ditam as regras e a amante apaixonada se submete a suas imposições sem reclamar.

Todos seus movimentos e ações são deliberadamente planejados, somente desistem quando o alvo foi alcançado ou atingido.

Está um passo à frente de qualquer mulher ou amante; muitas vezes parece que é a mulher que o conquista, o leva para a cama. Engano delas, é mais uma das suas táticas que deram certo.

Os CONQUISTADORES são excelentes atores, carismáticos, charmosos e inteligentes, adorados e idolatrados por suas ciumentas esposas e um dia, com certeza, odiado por sua apaixonada amante.

Capítulo II

Conquistando uma amante

Conquistando uma amante

Poucas mulheres gostam de se envolver com homens casados. Existem até as que só preferem homens nesta situação.

Segundo elas, ser amante significa ser bem tratada, ou seja, não ter de lavar roupas ou fazer o jantar, criar filhos, com a compensação de, às vezes, ainda ganhar lindos presentes e ter uma ótima vida sexual.

Este livro é dedicado à maioria, então vamos partir do princípio de que as mulheres evitam os homens casados.

20 dicas para conquistar uma amante

1 – Em primeiro lugar, *use aliança*. A maioria das mulheres prefere não se relacionar com homens casados, mas, se isto acontecer, espera que sejam sinceros e autênticos. Além do mais, é muito chato, depois de longas horas de papo, revelar sua condição matrimonial. Não tente tirar a aliança cinco minutos antes do encontro. As marcas no seu dedo ficarão visíveis e ela perceberá.

2 – Nunca fale mal da sua mulher. Mulheres não gostam que falem mal nem da sua pior rival (pelo menos no começo).

3 – Não se faça de vítima (você não é o mocinho nem sua esposa, a bandida). Elogie sua mulher e seus atributos (minta à vontade), conte que teria tudo para ser feliz, mas, que pena, falta amor, e isso para você é primordial (não exagere nos elogios e só fale se ela perguntar).

Comente com insistência que você adoraria amar a sua esposa, mas lamentavelmente não consegue, não existe química entre vocês.

4 – Se abra, deixe que pense que é sua confidente. Tente que ela faça o mesmo. É importante *que você escute mais do que fale*. Hoje em dia, as pessoas não têm tempo para escutar, toda mulher gosta de ser ouvida.

5 – Não fale de dinheiro. Se tiver de tocar no assunto, comente que não é seu melhor momento econômico; desta maneira você *estará afastando* aquelas interessadas apenas em conforto e presentes.

6 – Pergunte que livros ela lê, a que programas de TV assiste, que filmes gosta. Se você adora Mr. Bean, e ela é vidrada em Fellini, vá correndo à locadora e alugue todos os filmes do diretor. Mesmo que você durma no meio e não entenda nada, lembre-se de alguns trechos e diga que adorou. Se ela está nessa onda de anjos, duendes, reencarnação, você sempre acreditou nisso, e com certeza não tem nenhuma dúvida de que ela está coberta de razão quando afirma que, em outra vida, pode ter sido uma alface.

7 – Não a critique no primeiro encontro. Se ela se achar gorda, você diz que não, mesmo que ela pareça uma baleia.

8 – Concorde em quase tudo, não a contradiga. Mulheres não gostam de ser contrariadas (claro, tudo isso nos primeiros encontros, depois seja você mesmo e imponha seus pontos de vista).

9 – Conte seus sonhos e ideais com paixão; seja enfático, ardoroso, mesmo que não tenha a menor idéia do que está dizendo. Se estiver entusiasmado, pode parecer que tudo o que contou seja verdade.

10 – Narre algum caso triste, uma perda, sua ou de um amigo, *mulheres adoram homens sensíveis*. Não precisa chegar às lágrimas, elas também não querem nenhuma menininha chorona. Depois do primeiro encontro, se seus olhos se enchem de lágrimas ao lembrar aquela cachorrinha que morreu atropelada alguns anos atrás, ela vai adorar. Mesmo tendo omitido que a cachorrinha não era sua, pois você apenas dirigia o carro que a atropelou.

11 – Não tente beijá-la, abraçá-la, ou dar a mão, até que ela tome a iniciativa. Faça o tipo tímido e desligado, aquele que não percebe quando uma mulher está interessada. Num desses encontros, se ela te beijar, você retribui e diz: "Tenho medo, não quero te fazer sofrer". O fato de você se preocupar com *ela* e não com *você* a fará delirar.

12 – Se a sua futura amante for casada ou comprometida, tudo fica mais fácil. Basta deixá-la falar, se abrir e contar tudo sobre seu parceiro. Você terá de **fazer todo o contrário** para agradá-la. Se ele fuma, você nunca fumou; se ele é grosso, você é a delicadeza em pessoa; se ele joga bola todos os sábados, você pergunta se futebol é aquele esporte que se joga com uma raquete, e por aí vai. Lembre-se, é muito mais fácil conquistar alguém comprometido do que solteiro, basta jogar com as comparações; você sempre será melhor que o outro.

13 – Diga para sua futura amante que sonhou com ela (no começo do relacionamento ou paquera). Toda mulher adora saber isso.

14 – Mande um cartão agradecendo sua amizade, dizendo que está feliz por ter conhecido uma pessoa tão especial.

15 – Se ela ligar, fale que estava justamente pensando nela.

16 – Mesmo que tenha tido algum dia uma amante, **nunca o revele**. Não fale dos seus casos, nenhuma mulher gosta de ouvir, apesar de elas insistirem para que você conte.

17 – Elogie, elogie, elogie. Elogie a roupa, mesmo que esteja parecendo o Falcão; a maquiagem, apesar de parecer uma *drag queen*; o perfume, embora você preferisse que passasse pinho-brill.

18 – Se não conseguiu nada, ou não vê perspectivas, invente uma briga conjugal para o segundo encontro. Mesmo assim não fale mal da sua mulher; lembre-se de que a pessoa que está na sua frente provavelmente pensa num dia poder ser sua esposa.

19 – Se sua amante tiver filhos (sendo ela solteira, divorciada ou casada), pergunte qual o nome deles, idade e se tem alguma foto. As mulheres adoram esse interesse dos homens pelos filhos; afinal eles são sempre motivo de orgulho. Diga que adoraria que no próximo encontro levasse o "pestinha" (perdão, o filho) com ela. No segundo encontro, antes de ela ir embora, diga: "Isto é para o 'pestinha'"

(digo, para o filho) e dê um brinquedinho. Não precisa ser caro; nesse momento o que conta é o ato. Ela vai se derreter.

20 – Faça sua amante rir, seja alegre, tem de sentir falta desse seu espírito jovem, aproveite algumas piadas deste livro e deixe-a feliz. Depois de dar muita risada, é mais fácil que diga sim a qualquer proposta indecorosa que lhe for feita.

BMW, apartamento em New York, Breitling no pulso, vários cartões de crédito internacionais, também conquistam uma amante.

O melhor é que tendo tudo isso, você não precisa ser lindo, charmoso, inteligente, e muito menos bom de cama.

Capítulo III

As amantes e seus signos

As amantes e seus signos

•Conquistando •Características e Cuidados

Ela está na sua frente, linda, deslumbrante, observando-o de cima a baixo, e lhe brinda com um leve sorriso, levando-o às nuvens. "Essa já e minha", você pensa, com ar de confiança absoluta.

Engano seu, o que pode acontecer um segundo depois do primeiro "Oi" dependerá muito do que você souber sobre o signo dela.

Não precisa ser nenhum *expert* no assunto nem entender de conjunções da Lua, decanatos, ascendentes e muito mais. Basta saber o básico sobre cada um dos signos. Será o suficiente para não cometer nenhuma gafe, que poderá ser fatal ou crucial para conquistar ou manter o relacionamento com uma amante.

Conhecer pelo menos um pouquinho sobre o signo dela é fundamental para saber sua personalidade, caráter e principalmente o jeito de ela ser, agir e se comportar.

Imagine uma mulher cuidando de sua linda casa, sua luxuosa cozinha, onde prepara gostosos e apetitosos pratos, com jardins cheios de flores, cuidando pessoalmente de cada detalhe. Com certeza esta não é uma mulher de Aquário. As amantes deste signo cultuam a liberdade e a independência, por isso podem ser as ideais, aquelas que nunca darão problemas, se é que você não acha problema o fato de ela querer fazer um curso de astronauta ou de perfuradora de poços petrolíferos no deserto do Saara.

Agora, se você pensa que a leonina caiu de quatro pelo seu charme irresistível, esqueça, será você que está tendo a honra de sair com ela; lembre-se, é uma leoa, "a rainha da selva".

Quer conquistar uma amante ariana, então mude de estratégia, ela odeia o tipo *playboy*; seja sério, educado, defenda um ponto de vista e ela o amará.

Ciumenta, mandona, temperamental, impulsiva, a ariana é a amante ideal para acabar com seu sossego, suas noites de sono e de quebra com seu casamento.

No relacionamento com uma sagitariana, por exemplo; o lindo, o maravilhoso, o fantástico não é você, é ela. O pior é que para seu desespero ela conseguirá provar rapidamente.

Cada mulher, cada amante, cada signo, tem uma personalidade diferente que você deve estudar, entender, saber lidar com suas manias, defeitos e virtudes; enfim, leia com atenção o que vem a seguir, pois de suas atitudes dependerá o futuro relacionamento com sua amante e até com sua esposa.

A amante de Áries

21 de março a 20 de abril

Conquistando uma mulher de Áries — Para conquistá-la não é necessário ir diretamente ao ponto; as arianas adoram o desconhecido, se você for displicente é meio caminho andado para levar aquele beijo quando menos esperar (tomara que não seja na frente da sua esposa). Quanto menos bola lhe der e menos atenção lhe proporcionar, mais curiosa ficará.

A ariana não é chegada a "Mauricinhos vazios" ou *playboys*; preferem os homens inteligentes, aqueles que têm alguma coisa para dizer (não é necessário discursar sobre a teoria da relatividade ou a baixa do índice Dow Jones).

Áries é um dos signos que adoram um pouquinho de bajulação. Elogios as deixam nas nuvens, aproveite esta fraqueza (seja sincero, não adianta dizer que está com um corpinho lindo se está parecendo um elefante-marinho).

Características e cuidados — A ariana não precisa de um homem ao seu lado para sobreviver (provavelmente muito menos de um amante).

São muito chegadas num romance. Você somente vai conquistar seu coração se for, por exemplo, um herói medieval, desmontando do cavalo com uma brilhante armadura. Se não tem vocação para herói, suba no cavalinho e saia de mansinho.

Ter uma amante ariana é ótimo, *se o que você quer é se separar da sua esposa*. O que é dela é dela, isso significa que você já tem dona.

Ciumenta ao extremo, capaz de encrencar com a Julia Roberts, achando que aquele sorriso irresistível foi todo para você (será difícil explicar que era apenas um filme).

Uma coisa boa pelo menos. Raramente você será traído por uma mulher de Áries; são muito sinceras para ficar com duas pessoas ao mesmo tempo (tão sinceras que podem contar tudo para sua esposa a qualquer momento).

A ariana é impulsiva, capaz de acabar com o relacionamento de vocês quando menos esperar (isso se não estiver realmente feliz).

Cuidado, a mulher de Áries pode ser um pouco mandona, independente e impulsiva, às vezes temperamental e até capaz de criar algumas cenas violentas (só isso). Tudo o que você precisa para estragar seu casamento.

Não se esqueça de que, apesar daquele sorriso lindo e sedutor, ela se magoa com facilidade; no caso de uma amante isso pode ser fatal.

Sinceramente há mais 11 signos, continue procurando, pois a ariana não é a indicada para ser sua amante.

A amante de Touro

21 de abril a 20 de maio

Conquistando uma mulher de Touro — Você é formado em Harvard, fez pós em Oxford, mestrado em Cambridge, parabéns, mas a mulher de Touro não está nem aí com todos os seus títulos. Para conquistá-la basta apenas um título numa faculdade perto do seu bairro (se você não o possui, não se preocupe, quatro anos passam voando).

Se quer ganhar uma taurina, use um bom perfume, elas se sentem profundamente atraídas por cheiros e cores. Cores vivas, o azul e todas as suas tonalidades e até o rosa.

No próximo encontro vá de gravata azul ou de camisa rosa (eu disse *ou* de camisa rosa, ninguém quer andar com um palhaço pela rua).

Se quer esfriar a relação convide-a para um cachorro-quente naquela barraquinha bacana montada dentro de uma perua.

Se você não gosta do campo, é o momento de começar a sentir amor pela grama, pelas ovelhinhas, galinhas e cavalos. As mulheres de Touro adoram tudo o que tem a ver com a natureza.

Características e cuidados — Se você a provocar esteja preparado para enfrentar a terceira guerra mundial, seu temperamento é explosivo, para que isso aconteça o motivo deverá ser muito sério, por exemplo:

"Sou casado. Não vou deixar minha esposa. Está tudo acabado."

São mandonas e gostam de assumir o controle do relacionamento. Cuidado, você tem que dar as cartas desde o começo.

São conquistadoras e dominadoras por natureza, o risco de você se apaixonar é alto; se ela desfilar todo o seu charme você está perdido.

Sexualmente sua amante taurina com certeza o levará ao êxtase, sensual, *sexy*, insaciável, tudo o que você sonhou.

Se sua amante for de Touro, vá em frente; só há um porém, não pense que você é exclusivo (isso assusta, não?).

A amante de Gêmeos

21 de maio a 20 de junho

Conquistando uma mulher de Gêmeos — A geminiana vale por várias mulheres, ela tem múltiplas personalidades (que bom, sua mulher, sua amante e suas cópias).

Para conquistá-la, tente ser criativo e gostar de tudo um pouco; se você é bitolado por futebol e acha que MPB é a sigla do Movimento das Pessoas Bacanas, mude radicalmente; perto dela goste de um pouquinho de tudo: teatro, música, esportes.

Não se desespere se a geminiana não se entregar facilmente, tenha paciência que ela será sua.

Características e cuidados — Uma amante alegre, animada, divertida, que sempre terá um assunto para conversar (que bom se fosse sua esposa e não amante). Logicamente que, com uma mulher com essas características, o risco de gostar além da conta é alto, provavelmente o maior do zodíaco.

Se quer uma amante que o deixará perturbado, que o amará de forma criativa e o encantará como a um colegial apaixonado, você a encontrou. Além da cabeça, tome cuidado para não perder o talão de cheques. Elas lutam por seus ideais (torça para você não ser o dela).

As geminianas esquecem rapidamente; então, ao acabar o relacionamento, não fique preocupado com possíveis reações que todas as amantes costumam ter (chamá-lo de cachorro, contar tudo para sua esposa, ligar para seu trabalho, pichar o muro da sua casa).

Ela é alegre, criativa, carinhosa; todo dia será uma mulher diferente. Quem não quer uma geminiana para amante?

A amante de Câncer

21 de junho a 21 de julho

Conquistando uma mulher de Câncer — Nos tempos da internet e da era virtual, a canceriana ainda é adepta ao velho e sempre bom passeio ao luar, se possível com um mar de fundo.

Se quer deixá-la feliz, marque um encontro à luz da lua (isso em todo lugar tem) e, se possível, numa praia ou rio (isso é mais difícil, pode ser num motel com teto retrátil dentro da hidro; não é a mesma coisa, mas deve funcionar). Com certeza vai se derreter de encantos por esse homem romântico e incrível que você sabe que não é.

Igual à maioria das mulheres, odeia ser criticada. Uma característica especial e peculiar deste signo: nunca fale mal da mãe dela (me pergunto por que você falaria mal da mãe da sua amante). Nada de piadinhas de sogra, não tente ser engraçadinho em cima deste assunto, ela odeia.

Diga sempre que está bonita, jovem, encantadora (minta à vontade), isso a deixará segura e feliz.

As mulheres de Câncer são excessivamente sensíveis, choram um bocado, chore com elas (mesmo que nem saiba o motivo).

Precisa desesperadamente saber que você não pode viver sem ela (e sem sua esposa, sua casa, seus filhos); paradoxalmente, tem uma enorme capacidade para se virar sozinha e resolver tudo por ela mesma.

Características e cuidados — Alegre num momento, triste no outro; carinhosa e, de repente, a grosseria em pessoa. Sim, dá vontade de afogá-la na hidro; não molhe suas mãos, não vale a pena.

São parecidas com as geminianas no que se refere a personalidade. Podem ser tímidas, modestas, delicadas e femininas, como também possessivas, insinuantes e perigosas quando se trata de ser apenas sua amante. Uma ameaça real capaz de destruir qualquer lar feliz.

Uma notícia boa e outra ruim. A boa: se sua amante é canceriana, apenas a minoria será uma ameaça ao seu relacionamento. A ruim: basta apenas uma amante canceriana para acabar com seu casamento.

Por outro lado são ótimas cozinheiras ?!?!? (Eu sei, o que isso tem a ver com você? Nada, absolutamente nada.)

Cuidado, se sua amante canceriana achar que pertence somente a ela, e quiser se apossar de você. Aí não tem saída. Perdão, só tem uma saída, o aeroporto mais próximo, e mais uma boa notícia: Serra Leoa não tem tratado de extradição.

A amante de Leão

22 de julho a 22 de agosto

Conquistando uma mulher de Leão — Está envolvido ou se envolvendo com uma amante leonina? Sinto muito. Esteja com seu talão de cheques pronto, porque para conquistá-la vai precisar dar alguns e bons presentinhos; pode ser qualquer coisa, desde que seja caro, de bom gosto e, ao entregá-lo, não esteja trajado que nem um cantor de rap.

Este é outro signo que adora ser adulado, bajulado, lisonjeado (é o ponto fraco); enfim, puxe o saco, elas adoram.

Quando tiver de escolher um programa para se divertir, prefira uma boa peça de teatro a uma final do campeonato de futebol, dê uma esticadinha num restaurante chique, a mulher de Leão tem uma necessidade quase paranóica por ser especial.

Características e cuidados — Se você gosta de uma amante popular, tipo chefe de torcida, a de Leão é a ideal, apesar de que, para uma relação extraconjugal, este rótulo não é dos mais indicados.

Leoninas não são amantes por natureza, por que uma rainha se prestaria a este papel? Se você sofre de complexo de inferioridade e está se relacionando com uma amante deste signo, parabéns, agora se sentirá um verdadeiro zero à esquerda.

Nunca se jogará a seus pés dizendo que o adora, provavelmente será você quem passará por esse ridículo. Fique em guarda, quando ela perceber realmente que no time do seu coração não tem vaga como titular, sentar no banco não é com ela, as garras, que até agora escondia, apareceram com toda sua fúria.

Esse tipo de amante pode despertar o ciúme em você, que nenhuma outra mulher do zodíaco conseguiria. Adora ser o centro das atenções, precisa constantemente sentir-se desejável. Nunca demonstre o ciúme pela sua amante em público, a leonina é a ideal para você se desmascarar sozinho, controle-se.

Agora você tem uma amante de Leão, linda, poderosa, e tá aí, triste, morrendo de ciúme e com a auto-estima no chão pela briga de ontem; sempre é tempo de mudar de amante.

A amante de Virgem

23 de agosto a 22 de setembro

Conquistando uma mulher de Virgem — Se você é de chegar atrasado aos seus encontros, com certeza não terá por muito tempo uma virginiana como amante. Agora, se não teve jeito e chegou atrasado, que tal comprar umas lindas flores do campo, um emocionante cartão e pedir desculpas (você vai achar que não fez nada, mas para ela é muito).

Se o seu português não for lá essas coisas, e dizer problema para você é um *probrema*, esqueça a virginiana, ela se importa muito com seu vocabulário e comportamento.

Coma, vista-se com elegância, fator primordial para conquistar esta mulher que beira à perfeição. Barba feita, banho duas vezes ao dia, e com certeza estará conquistando a mais exigente das amantes do zodíaco ou pelo menos a que mais liga para aparências.

Não exalte em demasia suas qualidades nem encantos físicos. Para ela isso não é importante. Ela adora teatro, desfiles, livros, é uma grande crítica.

Não se apresse em roubar o primeiro beijo de uma Virgem, deixe que isso aconteça naturalmente, não importa quanto isso demorar (depois de dois anos desista dela).

Características e cuidados — As virginianas são capazes de abandonar tudo por um grande amor, o marido, os filhos, a casa, o emprego. O problema é saber se você está disposto a acabar seu casamento por ela.

Esta amante é extremamente prática, capaz de arrancar sem anestesia uma bala da sua testa, com um rápido "pronto, já foi", ao mesmo tempo costuma ser romântica e sonhadora.

Elas têm paciência, calma, sabem esperar; ideal quando se trata de ser a outra, não será o tipo de amante que vai ficar no seu pé dizendo para não deixá-la ou pedindo para abandonar sua esposa (tudo que você pediu a Deus). Logicamente, como toda virginiana é perfeccionista ao extremo, um pouquinho chata, nunca admite os erros, sempre está certa (o pior que é verdade, a maioria das vezes você estará errado).

As virginianas são fiéis, se amam de verdade (torça para que ela o ame de verdade, então); agora, se tiverem de enganar, conseguem fazê-lo tão bem que raramente você descobrirá.

Embora ela chegue a ser um pouquinho chata de tão meticulosa, pode ser muito bondosa, generosa e afetuosa, além do mais com certeza vai fazer você feliz na cama, costumam ser ótimas "amantes".

A amante de Libra

23 de setembro a 22 de outubro

Conquistando uma mulher de Libra — Elas odeiam a solidão, ficar ou morar sozinhas, não seria mentira dizer que a libriana muitas vezes é incapaz de viver só. O antídoto contra a solidão é simples, fique em cima dela, vai adorar. Se você for romântico é meio caminho andado para conquistá-la, pois a libriana é muito sentimental. Como dica importantíssima, adoram guloseimas; não esqueça de levar no seu encontro uns bombons, vai amar (e engordar).

Características e cuidados — Se existe um signo de mulheres justas, é o de Libra (sim, é verdade, existem mulheres justas, aleluia).

Basta um daqueles sorrisos para você cair de quatro, isso é sempre um problema; gostar tudo bem, se apaixonar também, agora morrer de amores por sua amante não é aconselhável.

Dinheiro toda mulher gosta, mas a libriana tem uma característica atípica (deliciosamente atípica). Adora dinheiro, mas o dela, e vai lutar para consegui-lo (uma amante barata, até que enfim).

Por serem extremamente equilibradas, raramente farão escândalos ou baixarias; não é do tipo de amante que liga para contar tudo para sua esposa, mas é tão persuasiva que pode convencê-lo a largar tudo e ficar com ela.

A libriana é aquele tipo de amante que você fica se perguntando: por que minha mulher não é assim?

Você vai adorá-la, mas o risco de querer ficar somente com ela é altíssimo; se quer continuar com seu casamento, tome muito cuidado.

A amante de Escorpião
23 de outubro a 21 de novembro

Conquistando uma mulher de Escorpião — Você tem medo de escorpião? Então, não brinque com ele. Para conquistar uma escorpiana seja sincero; cuidado que ela sabe muito bem quando está mentindo ou dizendo a verdade.

Procuram homens fortes, masculinos e bonitos (nada bobas), claro inteligentes também. Você está na frente de uma mulher que adora ouvir segredos; então se abra, deixe que se sinta sua confidente (não se arreganhe todo, se abra só um pouquinho).

Características e cuidados — Provavelmente, esta seja a amante mais vingativa do zodíaco, isso é péssimo.

São lindas, misteriosas, atraentes, dizem que possuem um sexto sentido. São elas que escolhem você e não o contrário (todos sabemos que são as mulheres que escolhem os homens, ou não?).

As mulheres de Escorpião são desconfiadas, não minta, pois o resultado, se ela descobrir, será uma experiência inesquecível.

É difícil fugir de Escorpião, torça para que ela não o assombre durante o resto da sua vida. Nunca dá o braço a torcer, é aquela que se não ganha uma briga, empata-a. Humildade é uma palavra que não faz parte do seu dicionário.

A mulher de Escorpião é tão justa como vingativa.

Cuidado, magoar uma mulher de Escorpião pode ser o maior erro da sua vida; é provável que não faça escândalos, mas sua indiferença será mortalmente dolorosa.

A amante de Sagitário

22 de novembro a 21 de dezembro

Conquistando uma mulher de Sagitário — Não mande nela, peça tudo com muito carinho, este é o primeiro passo para se dar bem com uma sagitariana.

Nada de fraquezas, gostam de homens firmes e decididos, adoram saber que você pensa nelas como uma criancinha.

É muito confiante, o que a transforma em presa fácil de conquistadores baratos (como você). A sagitariana é chegada numa boa comida, viagens (de preferência primeira classe, e lá se vai mais um talão de cheques), boa roupa. Filmes tristes são uma ótima pedida, ela vai chorar, você vai abraçá-la e, então, quem sabe surja o primeiro beijo.

Características e cuidados — Se você não gosta de pessoas sinceras ou francas demais, a sagitariana não é a amante ideal.

As mulheres de Sagitário gostam de morar sozinhas, o que é ótimo para seu bolso, muitas diárias de motéis serão economizadas; além do mais não se apegam muito à família, o que é melhor ainda, não terá de conhecer todas aquelas tias, primos, cunhadas que dizem que o adoram, mas no fundo acham você um cafajeste.

As sagitarianas são muito sociáveis, capazes de dar altas risadas daquela piada que não entenderam. Não se assuste, isso não quer dizer necessariamente que está interessada pelo engraçadinho.

As mulheres de sagitário não são muito ligadas ao casamento, o que pode ser fundamental para manter o relacionamento com ela por muito tempo.

Uma amante cômoda de se ter, sem muitos grilos, independente. Arrisque.

A amante de Capricórnio

22 de dezembro a 20 de janeiro

Conquistando uma mulher de Capricórnio — Não é a mais alegre das amantes, pode ter muitas vezes crises de mau humor (amante mau-humorada, cruzes!!!! Já chega sua esposa). Não tire sarro delas, não acham nenhuma graça quando são o motivo da piada.

Para ter uma amante capricorniana, infelizmente, você terá de usar aquela velha arma, a mentira. Prometa o que não pode cumprir (separação, casamento), somente assim ficará ao seu lado. Tem um lado profundamente familiar, então fale sempre bem dos "sogros", titios e titias, são pontos para você.

Características e cuidados — É uma mulher de múltiplas personalidades, mas o objetivo é um só, encontrar o homem certo (ainda bem que você é o errado).

O amor para elas está em segundo plano, agora o casamento...

Definitivamente, a mulher de Capricórnio não nasceu para ser amante e, sim, para esposa. Pode ter sido criada na mais humilde das famílias, sua educação e refinamento nunca o evidenciarão.

As mulheres de Capricórnio não se satisfazem com emoções passageiras (lembre-se, não nasceu para amante). São teimosas, atraentes, tímidas e inseguras, o que as torna deliciosamente desejáveis.

Se você conseguir ter uma amante capricorniana, vá em frente, mas tenha certeza de que é questão de tempo até essa senhorita tomar o lugar da sua esposa.

A amante de Aquário

21 de janeiro a 19 de fevereiro

Conquistando uma mulher de Aquário — Liberdade é a palavra-chave; por mais que seja sua amante, não a sufoque, ela tem sua vida, suas amigas. Com certeza, agindo assim, estará conquistando-a de uma maneira sutil e inteligente.

Uma dica, nunca fale alto com as aquarianas, elas detestam e se ofendem, quem sabe por achar que não estão sendo tratadas como iguais.

Para perder uma aquariana é fácil; seja ciumento, possessivo e deteste os amigos dela (que com certeza serão muito esquisitos). Faça o contrário e ela será sua amante eternamente (até querer casar com você).

Características e cuidados — É a pessoa mais maluca do zodíaco, não se assuste se um dia for vestida ao seu encontro com uma saia listrada, uma blusa amarela com bolas vermelhas, botas verdes e um penteado que parece ter acabado de receber um choque elétrico.

Eis outra moçoila que não se interessa pelo seu dinheiro, a não ser que tenha um ascendente em... — deixa pra lá.

Cuidado, raramente a aquariana se prestará para o papel de amante ou trairá seu parceiro. Agora, quando isto acontece e ela tem certeza que achou o amor da sua vida, não terá nenhum problema em lutar por você utilizando todas as armas possíveis (mude seu número de telefone, mude de endereço, mude de nome, mude de rosto; enfim, mude de país).

Junto com as mulheres de Libra as aquarianas são consideradas as mais bonitas do zodíaco (não se entusiasme, há exceções). Não são românticas, mas superintuitivas (tomara que ela não tenha intuição de que seu casamento está acabando).

Maluquinha, alegre, totalmente imprevisível. O risco é todo seu.

A amante de Peixes

20 de fevereiro a 20 de março

Conquistando uma mulher de Peixes — Precisa de proteção e cuidados. Alguém se habilita? É o signo mais frágil do zodíaco, sempre será uma criança. Lembre-se de datas, horas ou detalhes que nem ela imaginaria que você sabia, o achará o máximo.

Você, às vezes, vai precisar lhe dar forças, dizer que todos a adoram pelo seu jeito de ser. Com certeza nessas horas será o seu herói.

Características e cuidados — Você gosta de mulheres submissas? E amantes submissas? Deve ser melhor ainda. Este tipo de amante é das mais carinhosas; demonstre seu carinho, sua força e ela o idolatrará (até perceber que você está com ela apenas três horas por semana).

Idealizam tanto o homem até levá-lo ao *status* de herói ou salvador. É a amante ideal para relaxar. Se você é um pessoa estressada, encontrará a calma de que necessita.

Delicada, sonhadora, raramente briga (deixe sua mulher e case com ela já). Cuidado, é mais uma chorona, sentimental ao extremo; quando der alguma mancada com ela, vai sentir como se tivesse atirado num passarinho com uma bazuca.

Ótima amante, doce, frágil, calma e atenciosa (o contrário da bruxa que está na sua casa). Divórcio, esta palavra ainda não tinha passado pela sua cabeça?

Capítulo IV

Tipos de amantes

Tipos de amantes

Perigosa   **Cuidado**   **Vá em frente**

A Solteira — É o tipo de amante hiperperigosa, e se tiver entre 18 e 24 anos o perigo é real e imediato. Lembre-se de que, nessa faixa de idade, o sexo é secundário; o que elas procuram é uma grande história de amor.

Os primeiros encontros vão ser fantásticos, a vitalidade de uma mulher de 20 anos é evidente, sua pele macia, seu corpo firme, seios durinhos, bundinha empinada, todo o necessário para levar seu casamento à ruína.

Depois dos primeiros três meses as coisas começam a mudar. Se no começo ela aceitava o fato de você não ligar nos finais de semana, agora esqueça. Vai cobrar que podia ter ligado da padaria, apenas para falar "oi tudo bem?"

Se você olhar no relógio, antes de entrar no motel, não entre. Nas próximas três horas, com certeza, estaria mais a gosto com sua sogra.

O problema real começa perto dos seis meses de relacionamento, quando num domingo na hora do almoço seu celular toca. Você atende e do outro lado escuta apenas soluços, e percebe que uma mulher está chorando. Não adianta ficar repetindo "alô, alô, alô" porque do outro lado ela diz: "Eu sei que você está me ouvindo, não se faça de palhaço, não quer falar comigo? Você não pode falar?".

Observe a cena que se passa ao seu redor:

Sua esposa está com o garfo na mão e com espaguete pendurado balançando para um lado e para outro; suas crianças que sempre estão discutindo ficaram mudas; sua sogra olha para você como se dissesse *"seu safado"*, e ainda para ferrar tudo, seu cunhado, o engraçadinho, fala: *"É isso ai cunhadinho arrebentando corações"*.

No nono mês, num sábado ela aparece na tua casa. Claro, antes disso no sétimo e no oitavo mês, sua mulher recebe ligações dizendo por exemplo: *"Boa tarde, minha senhora, aqui e da Associação dos Cornos do Brasil, estamos ligando para comunicar-lhe que foi eleita a corna do ano"*.

Ou senão uma ligação rápida e mortal, mas que funciona, são apenas seis palavras: *"A cueca dele hoje é azul"*.

Como sempre, quem abre a porta aos sábados são as crianças:

"Pai tem uma amiga do senhor aqui na sala." Você com certeza tenta a maneira mais rápida e indolor de se matar. Como não tem nada à mão, decide encarar os fatos.

Ela está lá, 1,70m, olhos castanhos, 22 anos, cabelos até a cintura, mas para você é uma bruxa, feia, horrorosa; você vê espinhas e imperfeições por todos os lados.

"Rita, o que te traz por aqui?", você pergunta no tom mais imbecil do mundo.

"Você não me liga desde a terça-feira, não responde as minhas ligações".

"Poderíamos conversar na segunda-feira", você diz, pedindo subliminarmente, por favor.

Ela fica brava e grita bem alto: *"Onde? num motel???"*
"Pshhhhhh, por favor não grite."
"Crianças, cadê a mamãe?" (querendo dizer cadê minha ex-mulher).
"Ela foi ao cabeleireiro."
Sim, Deus existe.

Enquanto isso sua menina senta no colo da amante. É incrível, mas os filhos sempre adoram as amantes; lógico, até saberem que são amantes.

Após 567 promessas, ela deixa tua casa, e tua mulher chega 15 minutos depois. O aumento na mesada das crianças em 500% está garantido em troca do seu silêncio.

No décimo mês, ela te pede desculpas por quase ter acabado com tua vida e te mostra 109 motivos pelos quais não iam dar certo; se diz amadurecida e que aprendeu muito com você, te dá um beijo no rosto e confessa que nunca vai te esquecer.

No dia seguinte você a vê no maior dos amassos com um magrinho de boné, bermudas, tênis de astronauta e rabinho de cavalo.

É, realmente, ela te esqueceu.

Conselho útil: Fuja, corra, é fria.

A Casada — É a melhor das amantes. Discreta, firme e decidida, ela possivelmente é o que se chama de mulher mal-amada, e você está aí, para bem amá-la.

Não te cobra, não liga, não se envolve.

Em alguns casos, estas mulheres mal-amadas se apaixonam por seus amantes, fazendo uma comparação injusta entre eles e seus maridos.

Injusta porque um amante sempre será obrigatoriamente melhor que o marido em quase tudo, mas principalmente na cama; caso contrário, não teria razão de existir.

Um dos problemas com as amantes casadas é que a qualquer momento podem ter uma recaída, perceber que sua vida é uma droga, que você é 100 vezes melhor que seu esposo, e que está disposta a deixar tudo por você.

Nesse momento você se pergunta se está pronto para assumir uma mulher com quatro filhos, acostumada a passar as férias no exterior, e que gasta um talão de cheques a cada três dias.

Raramente esta amante vai ligar para sua casa. Seguindo aquele ditado, "não faças para os outros o que não queres que te façam", mas com certeza vai ligar constantemente no seu serviço.

No começo da relação ela vai pedir a você para contar como é a vida sexual com sua mulher, dizendo excitar-se com isso; depois de alguns encontros vai exigir que você nunca mais faça amor com sua esposa.

Evite apaixonar-se por sua amante casada, você poderá sofrer. Ficar noite após noite, imaginando-a sendo possuída por seu maior rival é masoquismo puro.

Muito dificilmente ela vai deixar sua vida, seu marido, seus filhos, a não ser que você dê a segurança total de que **nunca** vai abandoná-la.

Resumindo, a responsabilidade é enorme, e a palavra "nunca" apavora qualquer homem.

Se ela tem filhos, a relação é mais difícil, vai ter de dividir o pouco tempo que ela tem para você com eles, o marido, a casa e o trabalho.

Imagine o triste e o revoltante que é saber que o encontro daquela tarde chuvosa, e de um clima total para a prática de sexo proibido, foi cancelado porque tinha reunião de pais na escolinha.

Tanto você quanto ela estão à procura do prazer que não encontram em seus respectivos relacionamentos; por isso, a relação sexual entre amantes casados é na maioria das vezes fantástica.

Conselho útil: Invista nesta relação, tranqüilidade e discrição quase garantidas, prazer total.

A Comprometida — Neste terreno entram as mulheres que têm namorado ou noivo. Ter uma amante nestas condições exige cautela e um certo cuidado.

Com certeza você não vai querer ser o motivo pelo qual ela não se case e constitua uma família. Ou, o que é pior, provavelmente não vai querer ser o futuro marido da sua amante.

É um tipo de amante difícil de se achar.

Dissemos que a mulher casada dificilmente deixa tudo por seu amante, devido a um compromisso sério, filhos, destruir um lar, etc. Com a mulher comprometida, não existe nenhum motivo aparente para não deixar seu parceiro.

Com certeza é muito mais fácil acabar com o namorado do que com o marido.

Muitas destas amantes estão comprometidas com homens ricos, com casamento marcado pelas suas famílias, ou com aquele namorado que conhece desde a infância. Nem sempre o parceiro delas é o ideal em muitos aspectos, principalmente o sexual; daí a necessidade de procurarem outra pessoa.

Se você tem uma amante nesta categoria, provavelmente o seu relacionamento vai se basear em muito sexo e pouco romance.

As comprometidas podem ter entre 22 e 28 anos, sexualmente muito ativas e com vontade de ter um parceiro que as satisfaça onde seu namorado não consegue fazê-lo: na cama.

Conselho útil: Avance, relacionamento à base de sexo, nada de bilhetinhos nem flores, o risco que ela se apaixone é muito alto.

A Viúva — Cuidado, ela é uma carente total.

Abra os olhos para a velha história de "eu perdi alguém quando morreu, mas não vou perdê-lo porque você está vivo". Possivelmente nessa hora você também prefira estar morto.

O relacionamento sexual com uma amante viúva é prazeroso, ela se entrega por inteiro. Mais de uma vez, você vai notar lágrimas nos seus olhos; o difícil será saber se são por causa da emoção de estar com você ou porque está se lembrando do defunto.

Fuja da viúva alegre, aquela que dá risada do marido depois de morto, que diz que ele era um canalha e na cama tinha menos imaginação que uma ostra. Imagine o que ela falaria de você amanhã, mesmo que você não morra.

A viúva alegre é inconsolável. Se um dia você não a tratar bem, com certeza ela dirá que o falecido era melhor que você em tudo. Nessa hora você terá vontade de pegar uma pá e trazer o dito cujo para ela, pedacinho por pedacinho.

A viúva tem por experiência um medo abismal no que se refere às perdas, tanto de vidas como de relacionamentos.

Tome muito cuidado ao terminar a relação, seria mais um trauma, uma desilusão. Elas não podem lutar pelo marido morto, mas sim, por um amante vivo.

Conselho útil: Se entrar nessa, leia muitos livros de espiritismo, anjos, reencarnação, seja sutil e não fique com ela. Se um marido morreu ao seu lado, isso impede que outro morra.

A Coroa — Vá em frente, se ela for casada melhor ainda. Se for solteira tome um certo cuidado.

Quando me refiro à coroa estou falando num relacionamento em que a mulher tem uma diferença de no mínimo dez anos em relação a você. Essa diferença é muito mais acentuada entre parceiros de 25 a 30 anos, com mulheres de 35 a 40 anos. Nessa faixa de idade o homem ainda tem muito de adolescente, enquanto a mulher já tem tudo de mulher.

Você com certeza vai aprender muito em relação ao sexo. Terá e sentirá sensações nunca antes vividas. A mulher mais velha, principalmente na faixa dos 40 anos, é muito mais quente, sensível e insaciável que qualquer menininha de 20.

Esteja com o fôlego em dia, muita energia será necessária para manter este relacionamento.

Cuidado para não se apaixonar. Normalmente o homem fica deslumbrado quando se envolve com uma pessoa mais velha. A fantasia de adolescente, a coisa proibida, a sociedade censurando, tudo isso é motivo para você querer assumir a sua amante coroa.

Reflita, não atue por impulsos ou por uma boa tarde de amor. Lembre-se de que se você deixar sua mulher terá de conviver, dentro de alguns anos, com uma pessoa muito diferente de você, menopausa, rugas, gorduras, etc.

Se você realmente conseguir transpor tudo isso vá em frente; caso não tenha o suficiente valor de enfrentar o mundo (lembre-se de que todo mundo vai te olhar), esqueça, curta, divirta-se e aprenda.

Relacionar-se sexualmente com uma mulher mais velha é vantagem para ambos os lados; sua vitalidade e a experiência dela são a mistura ideal para uma total felicidade sexual.

Não adianta comparar a amante coroa com sua esposa. Esta foi criada, moldada e trabalhada em sua própria imagem. Sua amante já vem com uma experiência prévia e desconhecida, o que lhe dá uma grande vantagem, seria injusto fazer comparações.

Conselho útil: Entre de cabeça, de perna, de braço. Você nunca vai esquecer. Prefira uma de 40 do que duas de 20.

A Ricaça — Corra o risco, entre nessa. O pior que pode acontecer é ganhar umas camisas e gravatas novas, alguma caneta personalizada e com sorte até viagem ao exterior.

Se a ricaça é casada, esqueça os presentes, mas ficará satisfeito sexualmente. Com certeza o prazer compensará tudo.

Se ela é ricaça e solteira, provavelmente terá muitos presentes e sexo fraco. (Desconfie das ricas lindas e solteiras, já se perguntou por que uma mulher assim ainda não casou?)

Tenha cuidado para que ela não se ache sua dona e você não vire um prostituto de luxo. Se quer evitar essa situação, não procure uma amante com muito dinheiro, em que a diferença econômica e social seja enorme.

É horrível quando, na cama, ela manda fazer isto ou aquilo, sobe, desce, você fica esperando que, a qualquer momento, peça para ir comprar cigarros ou fazer um cafezinho.

Conselho útil: Não se deixe humilhar, dinheiro não é tudo (tem também viagens, carrões, apartamentos), pule fora quando sentir que ela, em vez de ser sua amante, parece sua chefe.

A Psicopata — Fuja. Ela é linda, agradável, meiga e sexualmente um arraso. Tudo isso apenas no primeiro encontro.

Se a solteira espera alguns meses para ligar na sua casa, a amante psicopata liga um dia após o primeiro encontro.

Você fica bravo, ela chora, você a perdoa.

Na segunda vez o sexo não é tão bom, ela fuma sem parar (tinha dito que não fumava), chora, diz que não pode viver sem você, que o adora, e lá vem a frase mais espantosa e horrível que um homem casado pode escutar: *"Eu não vou te perder"*.

Nessa altura do campeonato até você quer se perder de você mesmo.

É o único caso em que o homem compara a amante com sua esposa e, por incrível que pareça, esta leva vantagem em tudo. Você pensa na meiguice, dedicação. Até a gororoba, que ela intitula de comida, você acha uma delícia.

Um dia após o segundo encontro sexual, você chega do trabalho morto de cansaço e, quando entra em casa, sua esposa diz:

"*Querido olha quem está aqui*".

Se vendessem passagens para o Titanic, você embarcava na primeira classe, ou melhor, na terceira, para afundar primeiro.

Sua esposa ainda diz: *"Já somos grandes amigas, por que você nunca me falou que tinha uma prima que morava no interior?"*.

Nesse momento você espera que um raio caia na sua cabeça ou que *El niño* mande um tornado capaz de acabar com toda a cidade, o pior é a absoluta certeza de que nunca mais irá conseguir ter uma ereção. (Fique tranqüilo, você conseguirá outra.)

Ela janta com vocês, assiste à novela, e só vai embora perto da meia-noite, depois de muita insistência por parte da sua esposa para que fique.

Às duas da manhã, você vai ao banheiro, se ajoelha e reza, de Cristo até Buda, de Aparecida a São Judas; promete para todos que nunca mais vai trair, mas é tarde demais, o susto você já levou.

Com muita sorte poderá manter seu casamento. Muitas dessas amantes psicopatas encontram outra vítima no meio do caminho.

Se ela não desistir de você, é desquite na certa.

Conselho útil: As aparências enganam; se a coisa é perfeita demais, caia fora.

A Colega de Serviço — Se você não tiver muito amor ou pretensões por seu emprego, vá em frente.

As colegas de serviço, geralmente, são fogosas e se apaixonam por seus amantes. O relacionamento para elas não é apenas sexo, é amor.

Lembre-se. Mesmo que ela nunca tenha dado para ninguém, todos os seus colegas vão falar que já saiu com a empresa inteira. Saiba conviver com isso.

As chances de ela se apaixonar são altíssimas devido à proximidade e ao contato diário; dificilmente sairá com você apenas para se divertir.

Quem arrisca sua vida profissional é porque realmente está amando.

Se não gosta de ser controlado, desista deste relacionamento, a sua amante no trabalho sabe de tudo o que se passa na sua vida; afinal de contas convive com você quase o mesmo tempo que sua esposa. Sabe quem liga e, principalmente, quantas vezes sua mulher liga (não adianta falar que você nem quer saber da sua esposa), isso a deixa irritadíssima.

Cuidado com o fim desse tipo de relacionamento. Se ela não estiver muito à vontade no emprego, não terá nenhum problema em procurar seu chefe e contar todas as confidências que você lhe fez, além de chamá-lo de cachorro, oportunista e brocha.

Evite confidências muito íntimas a este tipo de amante, pois tudo o que disser poderá ser usado contra você a qualquer momento.

O mais positivo deste relacionamento é o fato de estar sempre juntos, de poder fugir na hora do almoço ou depois do expediente, aquela famosa "hora extra".

As amantes colegas nunca estão atrás do seu dinheiro, elas sabem bem da sua situação financeira. Na maioria dos casos a conta do motel é dividida.

Nunca vá às festas da empresa em companhia da sua esposa, toda mulher tem intuição e, com certeza, chegando em casa, acontecerá aquela discussão.

Na segunda-feira será dia de discussão com a amante.

No serviço, apesar de difícil, trate-a como uma colega qualquer. Não seja frio nem distante, pois todo mundo perceberá que com ela você é diferente.

É o tipo de amante em que a relação sexual é bastante intensa, em média duas vezes por semana.

Conselho útil: Arrisque, você deverá ser muito discreto se não quiser ser chamado de calhorda pelos seus colegas e de trouxa por seus amigos.

A Amiga da sua Mulher — Relacionamento seguro, com muito sexo e poucas chances de ser descoberto.

Em primeiro lugar, com uma amiga dessas para que inimigas?

As "pseudo-amigas da sua mulher" podem proporcionar a você incríveis momentos de prazer.

Esta relação tem como base o sexo, na frente do amor e do interesse econômico.

Elas, apesar de estarem enganando uma amiga (sua esposa), na maioria dos casos, vão dizer que gostam da sua mulher, que nunca fariam nada para magoá-la, e o inexplicável é que, às vezes, são sinceras.

A freqüência sexual é intensa, já que podem transitar na sua casa livremente, até dormir eventualmente algum final de semana.

Se esta amante for casada, a relação sexual é menos freqüente, mas muito mais prazerosa. Ambos estão nesta loucura à procura de um prazer que não encontram em suas camas.

As suspeitas de que sua esposa poderia um dia ter, se sua amante fosse solteira, são muito menores sendo ela casada.

Seria muito estranho você pedir a sua mulher para convidar a amiga para passar um final de semana ou sair para jantar num sábado à noite. Mas, se ela for casada, não há nada de estranho em convidar um casal amigo para se divertir e bater papo. Sendo ela casada, as chances de estar mais tempo juntos aumentam.

O risco é maior, você tem de cuidar da sua esposa e ainda do marido dela. Se você procura perigo, é o tipo de relação ideal.

Conselho útil: Outro tipo ótimo de amante, sexo seguro e freqüente, comece a olhar com mais carinho para as colegas da sua esposa. Já pensou o que aconteceria se a amante fosse inimiga da sua mulher? Prefira as amigas.

A Parente da sua Mulher — O perigo aqui está na possibilidade de se descobrir tudo e virar no escândalo do ano. Uma coisa é que sua mulher descubra que sai com uma coleguinha de trabalho, outra que sai com a irmã dela.

Se tudo der errado, com certeza veremos sua esposa, sogra, cunhada e você em algum programa popular de TV ou em um daqueles jornais feitos com muito sangue.

Não pense que é só com você que acontece, mas já reparou que sempre as cunhadas são mais gostosas que as esposas? A pergunta deveria ser: por que você não casou com sua cunhada?

O caso menos grave de relacionamento familiar é quando se trata de alguma prima da sua mulher. Até você não sente tanto remorso, muito menos ela, quase não são parentes, tentam se enganar um ao outro.

Relacionamento com parente sempre é à base de sexo, raramente se pensa em deixar o casamento e assumir este tipo de amante.

O perigo real surge quando você tem um caso com a cunhada (quase sempre mais jovem, bonita, charmosa, inteligente, compreensiva, gostosa e melhor de cama que sua mulher).

Se sua cunhada pede para morar um tempo com vocês, é a perdição. Traição na certa.

Um certo dia você chega do serviço mais cedo, sua mulher está fazendo compras, e sua cunhada tomando banho. Você pensa que sua mulher está na ducha e vai entrando no banheiro como se fosse a arquibancada do estádio. Sua cunhada grita, você também, pede desculpas e sai. Ela aparece no seu quarto 20 minutos depois com uma toalha enrolada no corpo e outra na cabeça e diz para não se incomodar, que está tudo bem. Você diz que ela é bonita e... parabéns você é amante da sua cunhada.

Geralmente estes casos duram no máximo alguns meses, enquanto ela mora com vocês. Depois de algum tempo ela fará uma visita acompanhada do namorado e você morrerá de ciúmes, principalmente quando à noite escuta os gemidos do quarto ao lado (isso entre um ronco e outro da sua mulher).

O pior que pode acontecer é ter sua sogra como amante. Fazendo uma comparação, é como se você jogasse uma final do mundial de futebol e, no último minuto da prorrogação, pegasse a bola no meio do campo, driblasse oito adversários e fizesse o gol. Gol contra. Vocês perdem o jogo e não precisa voltar para casa.

Muitas sogras realmente são mais gostosas, inteligentes e interessantes que suas filhas. Mas quem casou com ela foi seu sogro, você casou com a filha, então pague por isso.

Sexualmente, o relacionamento com sua sogra tende a ser muito bom (isso se você conseguir separar o fato de que está entrando no lugar do qual sua esposa saiu). O grande perigo desta loucura é que todo mundo descubra.

Caso você assuma o caso com sua sogra, olhe o que pode acontecer:

Sua ex-esposa será também sua filha, seus filhos passarão a ser ao mesmo tempo netos (já que você casou com a avó deles). E, se um dia você tiver um filho com sua sogra, ele ao mesmo tempo será irmão da sua ex-esposa, tio e irmão dos seus filhos que são seus netos. Entendeu? Não esqueça que, se um dia sua ex-esposa casar, você passa a ser ex-marido, pai e sogro dela, e por aí vai; enfim, esqueça e procure uma amante mais fácil.

Conselho útil: Vá com cuidado, se sua mulher descobrir, é divórcio na certa, é um tipo de caso que não tem volta.

A Solteirona — Não confundir com a solteira. É preciso ter cuidado com ela. A solteirona tem mais de 40 anos, uma personalidade forte e, igual às viúvas, são muito carentes.

Elas se apaixonam totalmente pelo seu amante. São possessivas e muito ciumentas. Costumam ser muito organizadas. Se você um dia aparecer sem um botão da camisa, ela com certeza vai procurar um idêntico e o pregará. Seu jantar ou almoço sempre estarão em dia. Cozinham excelentemente bem.

Sexualmente, a relação com uma solteirona não tem grandes emoções. Não são grandes amantes; em compensação o encherão de carinho e agrados.

Se mora sozinha, a freqüência de suas visitas será intensa, e você gozará de uma tranqüilidade que não existe quando tem de ir a um motel ou até sua própria casa.

Estas mulheres não são de fazer escândalo; no fim, elas estão acostumadas a estar sós e até preferem isso. Muitas se acostumam e até preferem ser "a outra", e não fazem nenhuma questão de ser a titular. Elas zelam muito pela sua privacidade.

Conselho útil: É o tipo de amante para passar bem, comer muito, ser bem cuidado, você se sentirá uma criança novamente. Arrisque e, quando o caso acabar, estará uns 15 quilos mais gordo.

O Homem — Perigosíssimo, é um caso muito comum nos dias de hoje. Se for descoberto, diga adeus ao casamento, sua vida pessoal, profissional, enfim, você está acabado.

O que leva um homem casado a procurar uma relação com pessoas do mesmo sexo? Ou ele sempre teve tendências homossexuais (nunca evidenciadas nem vividas), ou a pressão no seu casamento é tão grande que ele está disposto a qualquer coisa para fugir de tudo.

Existem dois tipos de homens com amantes do próprio sexo:

Aquele que sai com um homem diferente a cada encontro, quase sempre jovens e musculosos e o que tem um caso fixo há algum tempo.

O perigo do primeiro é a promiscuidade. A possibilidade de adquirir uma doença ou conhecer um mau elemento é altíssima.

No segundo caso, se o seu amante se apaixonar, com certeza será mais possessivo e ciumento que qualquer mulher que você já conheceu.

Deve-se ter muita discrição, o mínimo descuido pode ser fatal. Nada de carinhos, agrados ou troca de olhares em público. Nunca freqüente o mesmo motel, e muito menos alugue um apartamento para seus encontros amorosos. Esses ninhos de amor, cedo ou tarde, são descobertos pelas esposas e a surpresa será em dobro.

Sexualmente você será feliz. A maioria dos homens bissexuais, com certeza, se inclina mais por uma relação homossexual que pela heterossexual. No caso, o casamento é quase sempre de fachada, uma fantasia, o sexo com o seu amante é a realidade.

Conselho útil: Se não tiver outro jeito, e se envolver com um homem, se separe o mais cedo possível da sua mulher, assuma sua condição e não tente se enganar dizendo que é bissexual, você sabe que não é.

A Vizinha — Relacionamento com muito sexo, paquera, paixão e provavelmente um pouco fetichista.

Quem não ficou de olho algum dia naquela vizinha linda do apartamento ao lado?

O ótimo e o péssimo deste relacionamento são a proximidade da sua amante.

Ótimo, porque a qualquer momento ela pode dar um pulo na sua casa ou você na dela.

Até as escadas de serviço ou o elevador são um bom e excitante lugar para se fazer amor.

O problema dessa proximidade é o controle que ela tem sobre você, seus horários, sua roupa; ela vai saber se você é carinhoso ou não com sua esposa, etc.

Se sua vizinha for daquelas possessivas e ciumentas, a relação pode durar pouco tempo.

Ao contrário do que você pode fazer com outras amantes, lembre-se de que com esta você não vai poder esconder o seu endereço, o telefone, a hora que você sai ou chega.

Se o pessoal do prédio desconfiar, cuidado; à mínima briga com o síndico ou alguma pessoa chata, as cartinhas e telefonemas anônimos começarão a chegar, tente ser discreto.

Se um dia brigarem, e 24 horas depois ela tiver trazido um rapaz para casa, ou, o que é pior, convida aquele imbecil do 905, que sempre esteve a fim dela, para um chopinho, nao se preocupe, faz parte do jogo.

Sexualmente, a possibilidade de que corra tudo bem é alta, as vizinhas são sempre fogosas.

Conselho útil: Muito sexo, possibilidades de ser descoberto baixas, fica tudo em casa ou pelo menos no mesmo prédio.

A Bissexual — Se você não liga para o fato de ser trocado a qualquer momento por uma mulher, tudo bem, o relacionamento será diferente de tudo o que você já experimentou.

A amante bissexual não se envolve, sempre está com um pé atrás em relação aos homens; ela confia muito mais nas mulheres, a quem conhece muito melhor em todos os aspectos.

Em nenhum momento seu casamento será ameaçado por este tipo de amante. Não espere muito amor, submissão ou envolvimento sentimental intenso, ela sabe que, se não dá certo com você, existem muitos homens e mulheres dispostos a fazê-la feliz. Você terá a sensação que o relacionamento estará sempre na corda bamba.

Com certeza chegará o dia de uma transa a três; não se assuste se ela tomar a iniciativa, controle seu ciúme, curta o momento e não se grile, pensando que amanhã elas vão fazer uma festinha sem você, tenha absoluta certeza de que isso vai acontecer.

Os casos com bissexuais tendem a ser curtos, o tempo suficiente até ela arranjar uma namorada que a entenda e a apóie muito mais do que você.

Conselho útil: Curta o momento, esqueça o ciúme, é a chance mais alta que você terá de transar com duas mulheres. Não dê muitas informações nem mostre fotos da esposa. Já imaginou ela paquerando sua mulher?

A Secretária — Perigo total, ela sabe mais de você do que sua própria consciência.

Responda: Você teria coragem de deixar ou acabar um relacionamento com alguém que sabe tudo sobre sua vida pessoal, sentimental, profissional e econômica?

Existem vários tipos de amantes secretárias:

• Aquela que transa com o chefe apenas para não perder o emprego. O relacionamento é curto, o sexo mecânico, acompanhado de muitos gemidos e gritinhos tipo filme "pornô", (uii, aii, uii, aii, repetem 345 vezes).

Você não sabia que era tão bom de cama, ela te diz que teve 23 orgasmos nessa tarde. (Provavelmente você também não sabe que o bicho-papão é pura lenda). Depois de três ou quatro saídas você a manda embora.

- Um tipo de caso delicado é quando sua secretária se apaixona por você. Passa a controlar sua vida, telefonemas, negócios e horários. Algumas semanas depois da primeira transa, exigirá sua separação (logicamente que a esta altura você terá contado a velha história de crise conjugal e seu inevitável desquite).

Você não pode imaginar quão fabuloso e gostoso é a ameaça de ser denunciado à Receita Federal, pois sua empresa não paga alguns impostos. Se conseguir levantar alguma parte do seu corpo depois disso, conte o seu segredo.

- O melhor tipo de relacionamento com secretárias é aquele impulsionado por uma atração mútua, sem interesses econômicos e onde ela sabe separar o sexo da sua vida profissional. É a famosa secretária sem memória, cada vez que ela chega na empresa, esquece o que aconteceu no dia anterior.

O sexo com ela é fantástico, meias 3/4, óculos e agenda na mão, o sonho de todo executivo.

Conselho útil: Evite problemas, contrate uma secretária gorda, de 75 anos, vesga, manca e bem feinha.

A Romântica-Apaixonada — Ela se apaixona e nunca o deixa em paz. São amorosas e ao mesmo tempo extremamente melosas (saia com um babador).

Você vai receber mais cartas e bilhetinhos de amor do que quando estava no colegial. Um dia até um ursinho aparecerá na porta da sua casa, segurando um cartão dizendo "te amo". Se você for rápido dê o urso para sua filha e engula o cartão enquanto sua esposa não chegar.

Sexualmente você estará satisfeito (se é que consegue ficar assim com alguém chorando ao seu lado dizendo que o ama).

Cuidado, se a romântica se apaixonar, é um risco para seu casamento, as chances de ela cair de amores por você são de 99% (não, você não é o bonzão, elas é que são bobas mesmo).

É o tipo de amante que vai pedir sua separação, implorar, chorar para ficar com ela, enfim, é um pé no saco.

Se sua amante for uma dessas românticas, deixe claro desde o primeiro momento que vocês só têm um caso, sem envolvimento sentimental. Fique tranqüilo, pois ela não entenderá.

Não seja exageradamente carinhoso, nada de bilhetinhos, presentes, flores, você estará assinando seu desquite.

O momento e a pessoa para demonstrar que você é o príncipe encantado não são estes.

Conselho útil: Todo mundo sonha com uma mulher romântica e apaixonada, nunca com uma amante nessas condições. Perigo total para seu sossego familiar.

A Empregada Doméstica — Um dos cuidados a tomar é o de a sua esposa não perceber que você vai religiosamente todo dia ao banheiro às 2 da manhã.

É um dos casos mais antigos e comuns de traição conjugal da era moderna e, por que não?, de todos os tempos. O fator motivante desse relacionamento é a proximidade da sua empregada. Quando ela dorme na sua casa o contato é total.

Não interessa se ela for linda ou feia, a empregada sempre será objeto do desejo dos patrões.

Quando ela realmente for um canhão, o patrão tentará encontrar alguns detalhes que possam justificar o fato de ele estar transando com ela, como, por exemplo, os cílios, o dedão do pé, a perfeita simetria dos buracos do nariz.

Tudo começa com a troca de olhares, depois com a mão boba (sua mão), depois você deixa algumas revistinhas de sacanagem no quartinho dela e, finalmente, numa noite ela acorda com você na sua cama.

Por serem humildes, estas amantes raramente fazem escândalo ou exigem dinheiro. Elas desfrutam da relação sexual, agradam seu patrão, ao qual, às vezes, cultuam e admiram.

Como todo relacionamento proibido é mais gostoso, o sexo com sua empregada é extremamente prazeroso.

Dificilmente contará a sua esposa o caso de vocês, apenas comentará com todas as empregadas do condomínio, que por sua vez contarão para suas patroas, que olharão para sua mulher com cara de dó e para você com repulsa.

Conselho útil: Vá em frente sem exagerar nos agrados, sua mulher percebe tudo. Não esqueça que dez anos após sua empregada ter voltado para sua terrinha, numa conversa descontraída com seus quatro filhos, ficará sabendo que eles, adolescentes, a tinham comido antes de você.

A Sadomasoquista — Tome um certo cuidado com o fato de ela gostar de sofrer, mas também de fazer sofrer.

Se em matéria de sexo você curte o "sado", tudo bem; caso contrário, entrou num problemão.

Imagine chegar em casa com uns chupões no pescoço, arranhões nas costas e umas chicotadas no bumbum.

Você dirá a sua esposa que estava trabalhando muito e ela perguntará: "Onde? Num campo de concentração?"

No relacionamento com a sadomasoquista, você terá a verdadeira oportunidade de ser violentado por um OPNI (Objeto Penetrador Não Identificado), dificilmente você se safará disso. Amarrado na cama de bruços, pensando: *"Onde fui me enfiar"* (quando na realidade você deveria pensar: *"O que é que vão me enfiar"*).

A amante sado não vai criar problemas no seu casamento (pelo menos conscientes), apesar de, cada vez que fizerem amor, ela disser a você que, se não largar sua esposa, vai correndo contar.

Quando percebe que você começa a suar frio, entra em pânico e pede as pílulas para o coração com gestos histéricos, ela diz: "É mentirinha, nunca faria isso", sadismo puro.

Conselho útil: Não esqueça de que sua esposa provavelmente não tem a preferência sexual da sua amante. Com certeza ela não entenderá por que na hora H você deu um murro tão forte na cara dela que teve de ir parar no hospital.

A Ninfomaníaca — É a melhor maneira de emagrecer sem fazer regime. Se você encontra sua amante ninfomaníaca mais de duas vezes por semana, poderíamos afirmar que é o melhor jeito de ser enterrado com 50 quilos a menos do que seu peso normal.

Deverá ter muito fôlego, ereções não prolongadas, e sim eternas. Estas amantes quase sempre são casadas e mal resolvidas sexualmente, elas vão à desforra com você, quer dizer, a vítima.

Este tipo de relacionamento é quase sempre apenas sexual, não tendo tempo de se criar um sentimento de amor ou paixão.

Muitas destas amantes são multiorgásticas, conseguem gozar 10, 15, 20 vezes durante o ato sexual. Às vezes ejaculam, não se assuste, não precisa sair correndo da cama, tenha a certeza absoluta de que conseguiu levá-la a ter o grau máximo de prazer.

Tenha muitíssimo cuidado se a levar na sua casa, se for na sua cama, forre o colchão, mas, mesmo assim, o risco é grande, e se for na sala, no chão coloque jornais forrando o tapete; o máximo que pode acontecer é que um dos dois saia com a manchete do dia tatuada nas costas.

Nunca vá a um *drive-in* com sua amante ninfomaníaca. Em primeiro lugar, o carro será pequeno para tantas posições e variantes; em segundo lugar, não há como tomar banho (por esse motivo esqueça o sexo anal), e se ela for daquelas que molham tudo, seu carro e você vão precisar mais do que tomar um banho e sim passar por uma dedetização. O cheiro de no carro ficará pelos próximos 15 dias.

Não faça sexo com sua esposa na noite anterior que sair com sua amante; aliás, seria melhor que não fizesse amor com sua esposa no mês anterior.

Conselho útil: Se você não sofre do coração, e gosta de sexo, vá em frente, serão milhares de calorias queimadas a cada encontro.

A Prostituta — A profissão é o caso de traição mais antigo do mundo.

Com certeza não há envolvimento sentimental; em 99% destes casos, o motivo é apenas sexual, procurar com outra parceira a realização de fantasias que não pode satisfazer na sua casa, não necessariamente porque sua esposa não aceita, e sim porque pode haver uma falta de diálogo entre o casal.

Muitos homens saem com prostitutas durante toda a sua vida, há até aqueles que têm casos e vêem a mesma amante todas as semanas. Neste caso, se cria uma amizade, uma cumplicidade, além do complemento sexual.

Pelo fato de envolver dinheiro explicitamente neste tipo de relacionamento, o prazer sexual pode ser deixado num segundo plano.

Você terá de esquecer que ela está fazendo amor, porque foi paga para fazer isso, e não porque o ache bonito, inteligente ou charmoso.

Uma das vantagens é que você sempre será bom de cama, nunca uma amante deste tipo diria que é um fracasso sexual. Ela grita, rebola e diz que é o melhor amante que já teve; afinal pagou para ouvir tudo isso.

Se optar por este tipo de amante, já que está pagando, faça uma boa escolha, tenha em conta a beleza, mas principalmente o nível, logicamente ela não precisa ser formada em Engenharia Nuclear ou graduada em Harvard, mas perceba pelo jeito de falar o seu grau de cultura.

Se você é daqueles homens que sentem prazer em dar prazer, e que acham importante que ela chegue ao orgasmo, pode ter certeza de que a prostituta gozará várias vezes e que ela está mentindo.

Tente não se envolver sentimentalmente; para elas é um negócio, enquanto para você pode ser uma saída. Você procura uma amiga, ela, dinheiro; você procura alguém com quem conversar, ela espera que vá embora para que outro cliente possa entrar.

A fantasia de muitos adolescentes é conhecer aquela prostituta linda, se apaixonar e tirá-la dessa vida; é uma fantasia mesmo, dificilmente ela abandonará tudo por você.

Conselho útil: Use sempre preservativos, sua mulher não tem por que pagar por seus atos.

A Interesseira — Gosta de presentes, jóias, carros e motéis de primeira, se for no exterior melhor ainda.

Tenha uma polpuda conta bancária, estas amantes são bonitas, elegantes, com jeito de modelo (vão dizer para todo mundo que são modelos).

Na cama o tratarão como um cliente VIP, todas as posições, todas as fantasias, quanto mais presentes, mais loucuras.

Não se apaixonam por seu amado e, sim, por seu cartão de crédito. Somente o deixarão se aparecer outro trouxa com mais grana.

Não pense que você é o único homem da vida dela. Com certeza ela tem outro, mais jovem, o qual veste e alimenta com seu rico dinheirinho.

Não se surpreenda se um dia você chegar na casa dela de surpresa e o "outro" estiver deitado no sofá. Ela vai dizer que é um primo do interior, acredite se quiser.

São excelentes atrizes, pouco românticas e muito práticas, um bom presente significa uma ótima noite de amor.

Qual a diferença com a prostituta? Responda você.

Conselho útil: Se você é ligado em beleza, aparências, um sexo falso, mas prazeroso, invista nela; se isso o enojar, caia fora assim que ela disser: "Meu amorzinho dá um dinheirinho para seu bebê".

A Melhor Amante de Todas — Ela sempre está ao seu lado, nos momentos bons ou nos ruins, nunca o abandonará (ou ao menos raras vezes se separará de você).

Sem dúvida é a amante ideal, discreta, sincera, pura, honesta, nunca ligará na sua casa, a altas horas da madrugada, para dizer que o ama ou odeia.

Sua mulher com certeza nunca desconfiará, mesmo que esteja quase sempre com você.

O melhor de tudo é que pode acontecer a qualquer momento, em qualquer lugar, seja no restaurante, no banheiro do avião, na casa dos amigos, nem você acreditará em tanta ousadia.

Ela nunca ficará grávida ou exigirá sua separação ou dinheiro. Isso deixará você à vontade para investir nesta relação.

Imagine aquela festa de Natal, toda a família reunida, você abraçadinho a sua esposa e ela ali ao seu lado, você se excita e vai para o banheiro, é apenas uma rapidinha, mas leva você às nuvens.

Quem poderia querer mais, uma amante discreta, que nunca vai contar nada pra sua mulher, que não precisa de presentes para satisfazê-lo e que não exige que na cama você seja o super-homem; com certeza esta é a amante ideal.

Uma menção toda especial para a amante das amantes, *"SUA MÃO"*.

Conselho útil: Use camisinha, não vai querer andar por aí com três mãos (o pior é que uma delas seja a sua cara).

Capítulo V

Convivendo com mais de uma amante

Convivendo com mais de uma amante

Uma é legal, duas é bom, três é melhor ainda! Vai depender exclusivamente de você.

O risco é total.

Tem de ter muita coragem e organização para encarar duas amantes.

Provavelmente a amante número 3 não sabe da existência da número 2. A número 1 (esposa) não sabe de nenhuma delas.

Você terá de esconder da número 1 a 2 e a 3; da número 2 você esconderá a 3; e da 3 você esconderá a 2. (Alguém entendeu alguma coisa?) Se consegue levar isso adiante por algum tempo, parabéns, você é um gênio (pelo menos em matemática).

Pense bem, o que o levou a enganar a sua esposa? Uma necessidade sexual, possivelmente.

Você encontrou na sua amante tudo aquilo que não encontrava nela.

O que você espera encontrar nesta nova amante? Essa pergunta deverá ser feita e respondida antes de iniciar outro relacionamento.

Muitos homens não têm coragem de acabar um relacionamento, por isso nunca vão deixar a sua esposa, e procuram uma amante. É também esse o motivo de continuar com sua amante e se envolver com outra.

As três mulheres em questão têm de ser muito diferentes, somente assim é possível um relacionamento deste tipo.

Numa você encontra a compreensão, o apoio, a dona de casa perfeita, a mãe dedicada, esta é provavelmente a sua esposa.

A 3 tem de ser totalmente diferente das outras duas; será mais bonita que as anteriores, não tendo necessariamente que ser a mais inteligente.

Sexualmente não se compara à número 2, mas tem a beleza e o sabor da novidade que conquistam qualquer homem.

Provavelmente sua mulher nunca descubra nem desconfie da número 3. Ela já desconfiou e sofreu muito com a número 2.

A número 2, sim, vai desconfiar. Você dará motivos, a esquecerá e, provavelmente, em algum momento quererá terminar este relacionamento.

Toda criança com um brinquedo novo esquece o velho. O perigo de esquecer sua amante número 2 pela 3 é que a 2 se alie a sua esposa e façam da sua vida um inferno.

Sexualmente sua vida com a amante número 2 não fica comprometida, já que a freqüência sexual não é muito intensa; com sua esposa sim, provavelmente você não dê conta do recado.

Entre sacrificar a número 2 e sua esposa, a mulherzinha oficial sempre dança. Se suas relações sexuais eram quase nulas, agora serão inexistentes.

O engraçado é que a número 2 continuará sendo melhor na cama que a 3.

O que leva o homem a estar ou manter um caso com a 3 é aquilo de "carne nova". Quando ele perceber que a 3 não lhe dá tanta satisfação (principalmente sexual) o caso está acabado.

Estes casos de duplas amantes não duram muito tempo, no máximo alguns meses.

Poucos homens têm condições de manter um relacionamento duradouro com três mulheres ao mesmo tempo.

A seguir algumas dicas que podem ser dadas aos homens nesta situação e que não querem ser desmascarados por sua esposa ou outra amante:

✓ Nenhuma mulher tem nome, nem sua esposa e muito menos suas amantes. Chame todas de amor, carinho, anjo, querida ou qualquer outro apelido que inventar. Principalmente na hora do sexo nem pense em tentar chamar a sua parceira pelo nome, a memória é traiçoeira. (E as balas de um revólver no meio da sua testa são fatais.)

- ✓ Quando uma delas telefonar, não tente adivinhar quem é, até ter absoluta certeza de quem se trata. Nenhuma amante gosta de ser confundida com a esposa. Imagine o que aconteceria se você confundisse a sua esposa com sua amante. Não esqueça de pedir às suas amantes para se identificarem ao telefone, assim que você disser "Alô".

- ✓ Prepare sua agenda para qualquer encontro sexual. Não queira marcar com uma de manhã e com outra à tarde e com sua mulher à noite. O super-homem não existe.

- ✓ As pessoas aceitam que você tenha uma amante; agora, duas são demais. Você vai ser discriminado se alguém descobrir. Não comente com ninguém.

- ✓ Se mora em prédio, seja amigo dos porteiros. Um dia eles podem salvar sua vida. Mais que amigos eles podem ser aliados.

- ✓ Não misture as datas de aniversário ou comemorativas. Tenha absoluta certeza da data e do presente, um erro pode ser fatal.

- ✓ Se você for visto em público com uma das suas amantes, por algum conhecido da sua esposa, corra para um telefone e ligue para ela. Diga que foi fazer um serviço com sua supervisora, chefe ou secretária e se encontrou com... o tal amigo. Desse jeito, quando chegar aos ouvidos da sua mulher o impacto é mínimo e a desconfiança inexistente.

- ✓ Não freqüente o mesmo motel com suas amantes. Sempre tem algum porteiro idiota que deixa escapar algum comentário fora de hora.

- ✓ Cuidado com os perfumes, se possível presenteie sua mulher e amantes com o mesmo.

- ✓ Fios de cabelo na roupa ou na sua cama são fatais. Se ela visitar seu apartamento, faça uma geral antes de sua mulher chegar; se for necessário jogue os lençóis fora (ver Capítulo VII — *Recebendo a amante na sua casa.*)

- ✓ Nunca chegue com os cabelos molhados, principalmente à noite ou de madrugada. Se precisar raspe a cabeça.

- ✓ Cuidado com suas mudanças bruscas de caráter; demasiada alegria ou tristeza, sem motivo aparente, levantam suspeitas de qualquer mulher.

- ✓ Se você é de dar bilhetinhos ou cartinhas de amor, não esqueça três conselhos de suma importância: Não coloque data, destinatário e, logicamente, nunca assine uma carta endereçada a sua amante.

- ✓ Não tire nunca sua aliança, principalmente no motel; é muito fácil esquecê-la; pior que isso seria se sua esposa encontrasse a aliança no seu bolso ou na carteira, nesse caso não há desculpas.

- ✓ Cuidado ao ligar para a amante de sua casa. Qualquer telefone desta década tem uma tecla de rediscagem da última ligação feita. A primeira coisa que uma mulher faz quando desconfia do seu marido é chegar em casa e apertar a tecla *redial*. Dependendo de quem atender do outro lado, você terá de dar muitas explicações. Não aperte apenas uma tecla depois de desligar, pois sua esposa suspeitará ainda mais, já que você fez isso para esconder a ligação feita anteriormente. O recomendado é ligar para um número que realmente exista, de um amigo, um parente.

- ✓ Lembre-se de que a cor dos "traidores" é o preto, nunca vá ao encontro com sua amante de branco ou cores claras. Marcas de batons e até cabelos passam despercebidas (praticamente) em roupas escuras.

Detetive — seu inimigo invisível

Tome muito cuidado com os detetives; se você tem uma amante, com certeza eles descobrirão.

Nunca subestime o poder de fogo da sua esposa.

Existem alguns sintomas que podem fazê-lo desconfiar de que sua mulher contratou um detetive. Por exemplo:

— se de uma hora para outra ela parar com as implicâncias de sempre;

— se antes ela ficava brava porque você chegava tarde e agora não liga;

— se estiver extremamente compreensiva.

O maior problema é que, se você for seguido, dificilmente vai perceber.

Em primeiro lugar pelo fato de nunca pensar que sua esposa poderia contratar um detetive; em segundo, as pessoas que o estão seguindo são profissionais e estão sendo pagas para isso.

Lembre-se de que a pessoa que o estiver seguindo não estará disfarçada "à la Sherlock Holmes", de capa, chapéu e cachimbo. Será com certeza uma pessoa normal, comum, provavelmente mais de uma, já que os detetives costumam trabalhar com equipes.

Tome muito cuidado com as escutas telefônicas ou alguns aparelhos vendidos em qualquer loja de eletrônicos que gravam as ligações sem que você suspeite de nada.

Com certeza, no momento em que você desconfiar que sua esposa está prestes a descobrir tudo, será tarde demais. O ideal para não arriscar seria não ligar nem receber ligações na sua casa.

Se você estiver de carro, o seguimento tradicional é o de um carro atrás do seu e, possivelmente, dois motoqueiros — um na sua frente e outro do lado ou atrás.

Preste atenção, alguns quarteirões antes de entrar num motel, se não está sendo seguido; se você perceber algo suspeito, continue no carro com sua amante, entre na primeira igreja que aparecer no seu caminho e reze. Sua mulher não vai acreditar no relatório que lhe será apresentado. Afinal de contas quem levaria uma amante à igreja?

Se você tiver certeza quase total de que está sendo seguido, mas a vontade de encontrar a sua amante é incontrolável, faça o seguinte: entre no motel sozinho (30 minutos depois de sua amante ter entrado), aluguem dois quartos e, em vez de ir para o seu quarto, fique no dela. Quando os detetives e a polícia entrarem não encontrarão ninguém, e eles não têm como sair batendo de porta em porta para procurá-lo. Depois logicamente você volta para o seu quarto e sai do motel tranqüilamente. Quando o relatório chegar nas mãos da sua esposa, constará apenas que você entrou num motel. Confirme que isso realmente aconteceu, que estava cansado e precisava pensar. Se você for muito cara-de-pau, pode até dizer que foi lá para ver se era realmente bom, para depois levá-la.

Mesmo que você não suspeite que está sendo seguido, tente não sair ou entrar com sua amante no motel, principalmente se for a pé. Deixe-a entrar ou sair antes de você; isso evitará a surpresa de encontrar alguém conhecido bem na porta.

Tome cuidado também com aqueles motéis em que o estacionamento dá para a rua e qualquer pessoa que passa vê os carros e principalmente as placas.

Não esqueça que, se entrar no motel com sua amante e os detetives tiverem a certeza total que se trata de um caso de infidelidade conjugal, alguns minutos depois de você estar lá no bem bom, a porta do quarto será arrombada e na sua frente aparecerão sua esposa, o detetive e os policias para fazer o B.O. e caracterizar o flagrante de adultério.

Além do vexame, vai ter uma grande dor de cabeça no que se refere ao plano econômico, guarda de filhos, desquite e todo tipo de implicação jurídica que você nunca imaginaria.

Coisas que você pode fazer se sentir que está sendo seguido

✓ Ande tranqüilamente pela rua e, se perceber que alguém está atrás de você há muito tempo, vire-se de repente e dê um susto nessa pessoa gritando YAAAHHH! (tipo carateca japonês), se for um detetive com certeza nunca mais o seguirá; se não for, provavelmente matou alguém do coração.

✓ Leve dentro de uma sacola bigode, barba postiça, peruca ou vista-se de mulher. Com certeza o máximo que pode acontecer é que algum amigo pense que depois de velho você virou "viado".

✓ Corra, mas corra muito; se depois de 34 quarteirões perceber que ninguém mais o segue é porque aconteceu uma das três situações: a primeira, você não estava sendo seguido; a segunda, o detetive cansou no terceiro quarteirão e a terceira, é que a essa altura, na correria, você já tenha saído da cidade.

✓ Dê um jeito de ficar atrás da pessoa que você acha que o está seguindo; dessa maneira passará a seguir o detetive e descobrirá onde é o seu escritório; no pior dos casos você se divertirá muito seguindo uma pessoa que nunca viu na sua vida nem tem o menor interesse em saber o que se passa com ele.

✓ Se você estiver de carro e achar que o estão seguindo, acelere; quando estiver perto dos 100 quilômetros por hora e perceber que ainda está sendo seguido, breque. No hospital saberá se era ou não um detetive quem estava atrás de você.

✓ Se um motoqueiro o seguir por muito tempo, deixe-o encostar em você, e de leve dê um toquezinho com o seu carro na rodinha traseira dele. Para saber se suas suspeitas eram verdadeiras, basta ler o jornal. No dia seguinte, a manchete para você ter absoluta certeza de que estava sendo seguido é a seguinte: "Detetive motoqueiro morre em serviço".

✓ É estranho, mas funciona. Ande de costas; dessa maneira você terá uma ampla visão de quem o está seguindo.

Manter o relacionamento com uma pessoa é difícil, com duas é muito mais, com três é praticamente impossível.

Se você se encontra nesta categoria (ou até com mais amantes), boa sorte. Precisará de muito tato, inteligência e fôlego.

Capítulo VI

Sexo com as amantes

Tudo sobre sexo com sua amante (e com todas as mulheres)

A amante é muito mais exigente na cama do que sua esposa. Isso significa que você terá de se superar sexualmente a cada encontro.

Ela não terá nenhum problema em deixá-lo, se você for ruim de cama. (Coisa que sua mulher às vezes tem vontade de fazer, mas por diversos motivos não o faz.)

Se você sexualmente for pior que o marido (se ela for casada), esqueça, elá procurará outro. Não é necessário ser pior, basta ser igual, que você será descartado.

Alguns homens levam meses para conseguir conquistar uma mulher, e em apenas 3 horas põem tudo a perder.

Você saberá realmente se o caso com sua amante será longo ou curto, na cama.

Não adianta ser legal, pagar todas as contas e a encher de presentes (em alguns casos resolve, mas com certeza não é esse o tipo de amante que você procura), o importante para a maioria das amantes são dois fatores: ter um amigo, alguém em quem confiar e ser ouvida; e, logicamente, ser feliz sexualmente.

Esses dois fatores têm sempre de vir acompanhados, um complementa o outro.

O primeiro encontro sexual com sua amante é muito importante; mas lembre-se, o encontro sexual mais importante com ela sempre é o último.

Não force a barra para ir para cama na primeira vez, deixe que aconteça naturalmente.

Se for possível, quando acontecer a primeira transa, certifique-se de que ela esteja apaixonada ou, no mínimo, com muito tesão por você e totalmente certa de que é isso que ela quer. Não adianta levar uma amante para a cama pela primeira vez, se ela não tem certeza de que está disposta a se envolver com uma pessoa casada. Estará predisposta a achar que não deveria ter acontecido e será muito mais severa ou rígida nas suas avaliações.

Muitas amantes que são levadas para cama, quando ainda não estão prontas, acabam com o possível caso antes de começar. Espere que a fruta esteja madura.

Onde deverá ser o primeiro encontro sexual?

A maioria das mulheres não gosta de fazer amor na casa do amante.

Além do perigo de ser descoberta, existe aquele sentimento que todas têm, por mais inimigas ou rivais que sejam, de não fazer amor na cama da outra.

Não gostariam que acontecesse com elas. Com certeza não estarão à vontade na sua casa. O sexo ficará prejudicado. (Sempre nos referindo ao primeiro encontro.)

Na casa dela, se for solteira poderia até ser; se for casada é melhor não arriscar, pelos mesmos motivos anteriormente citados.

Mesmo assim, evite ir para a casa da sua amante no primeiro ou nos primeiros encontros, isso a condicionará a que todos os encontros têm de ser lá, achando-se assim dona da situação.

É como se você fosse o time visitante e ela o local, sua amante sempre levará vantagem.

O local mais adequado para o primeiro encontro, sem dúvida, é um **motel**.

Longe da sua casa, num horário que não prejudique nenhum dos dois e num ambiente adequado.

Sexo com as amantes

Se você **não for** um ótimo amante, esqueça, continue com sua esposa e seja muito feliz (ou infeliz).

Provavelmente você vai ter que se auto-analisar sexualmente e chegar à conclusão do seu rendimento como amante.

Será que você consegue ficar um bom tempo sem ejacular, é criativo, é carinhoso?

Se você não for tudo isso, o relacionamento com sua amante está seriamente comprometido ou no mínimo não será duradouro nem prazeroso.

Você deve ser bom de cama para manter uma amante.

O que é ser bom de cama?

Simples. Ser carinhoso, criativo, ter pique para agüentar pelo menos três horas de sexo sem parar (no começo, é claro que têm umas paradinhas); conseqüentemente, não ter ejaculação precoce e ser sacana (mais adiante explicaremos o que isso significa).

O mais importante quando se tem uma amante é saber que você vai ter de dar muito mais do que receber, e aprender que dar prazer pode ser tão gostoso como receber.

Sexo para muitos homens é abrir as pernas da mulher, introduzir o pênis e gozar.

Nesse caso eles fizeram sexo, mas a mulher não fez absolutamente nada, apenas emprestou sua vagina para que ele depositasse seu sêmen.

Quando os homens contam naquelas famosas rodinhas: *"Eu dei três, quatro"* ou até mais, poderíamos perguntar-lhes: *"E elas quantas vezes gozaram?"*

Quase sempre não há respostas. Muitos homens não se importam se a mulher chega ou não ao orgasmo; se estão tendo prazer, o importante para eles é gozar.

Sem dúvida essa é uma das principais causas de traição da mulher.

A sociedade, machista por natureza, condena a mulher que trai, mas com certeza quase nenhuma mulher, feliz sexualmente, engana seu parceiro.

O homem trai por impulso, não precisa de motivos muito fortes para enganar (ver capítulo I). Muitas vezes, a simples atração física é motivo para o sexo fora do casamento.

Às vezes, tendo uma mulher linda e sexualmente sendo muito feliz, o homem é capaz de ser infiel pelo simples fato de experimentar uma coisa nova.

A mulher, pelo contrário, na maioria das vezes, trai quando é infeliz no casamento.

Se você intimamente não se considera um homem bom de cama, ou não acha que pode se tornar um ótimo amante, não insista em aventuras fora do seu lar. Estará pondo em risco seu casamento, por um caso que não tem futuro.

Como ser um ótimo amante?

Todo homem pode ser um excelente amante, desde que esteja disposto a mudar e amadurecer certos aspectos psicológicos e sexuais, que provavelmente nunca foram trabalhados.

Problemas, como ejaculação precoce ou falta de ereção, devem ser tratados com um profissional. Estas situações muitas vezes são de origem psicológica, e portanto cabe a um especialista dessa área cuidar. Clínicas de impotência sexual também podem auxiliar as pessoas que sofrem com este tipo de problema.

Uma pessoa com ejaculação precoce é ruim de cama?

A resposta, infelizmente, na maioria dos casos é sim. É muito difícil que a mulher tenha um orgasmo nos primeiros (e últimos) dois ou três minutos de sexo. Quando seu parceiro goza, e se acha satisfeito, a mulher ainda está esperando para ter prazer; lembre-se de que o orgasmo da mulher é mais de fator psicológico do que físico.

Muitos homens acham que isso é normal, que somente eles têm de gozar, que fazer amor se resume à penetração e ao orgasmo, no caso apenas deles. Muitas mulheres aceitam esse modo de sexo (principalmente por desconhecer outra forma) e logicamente serão durante toda a sua vida infelizes; algumas se separam, outras procuram um amante.

Nem sempre os homens têm consciência que sofrem de ejaculação precoce (nem a esposa sabe do problema do marido), principalmente aquelas que se casaram sem nenhuma experiência sexual. Para elas, fazer amor se resume àqueles três intermináveis minutos, em que o marido fica em cima dela.

O sexo, apesar da ejaculação precoce, poderia ainda ser bom se o homem fosse muito criativo e carinhoso e compensasse, por exemplo, o pouco tempo de penetração, com o sexo oral. No entanto, na maioria dos casos isto não ocorre. Estatisticamente estes homens costumam ser muito egoístas em matéria de sexo. A razão é simples. Se não fossem egoístas, já teriam se tratado e resolvido seu problema para poder dar maior prazer a sua parceira.

O que é preciso saber é que a penetração é apenas uma conseqüência e não a causa da relação sexual.

Não é apenas a penetração, a duração da relação ou o tamanho do seu pênis que vão fazer uma mulher feliz.

O tamanho do pênis do brasileiro é de 12 centímetros, em média (para alguns médicos, pessoas que têm entre 8 e 14 cm de pênis se encaixam entre os perfeitamente normais).

A vagina da mulher tem entre 11 e 14 cm de profundidade; então não se grile com tamanhos, largura, grossura.

O prazer da mulher está na sua cabeça, tamanho infeliz ou felizmente não faz a menor diferença.

Um homem que faz amor por quatro horas seguidas fica com seu membro sempre ereto e ejacula quando quer, pode ser também um péssimo amante.

Esse tipo de amante é mais rejeitado por suas esposas que aquele que sofre de ejaculação precoce. A mulher *suporta* alguém que não a faz chegar ao orgasmo por alguns minutos. Mas não suportaria um homem em cima dela por muito tempo, se este não lhe proporcionasse nenhum prazer.

O antes e o depois são tão importantes quanto o durante.

É necessário saber deixar a mulher com vontade, com tesão, penetrá-la quando ela não agüentar mais e pedir com seu olhar, e não apenas com palavras, para ser possuída.

Se você for um pouco quadrado sexualmente, não vai ter futuro longo com sua amante (pelo menos com a maioria).

Sexo oral

Beijos, carícias e sexo oral fazem parte de toda boa preliminar.

Toda mulher adora ser beijada. Para elas este é o símbolo do amor, um beijo pode significar muito mais que a própria penetração. Ela sabe quando você a beija com prazer e isto a enlouquece.

A maioria das mulheres dá uma importância muito grande ao beijo na boca, é nesse momento que sentem a verdadeira paixão e sentimento do seu homem.

Beijos têm de ser molhados, ardentes, nunca mecânicos e secos.

Beije o corpo inteiro, boca, orelhas e pescoço (grande área de prazer), seios, acaricie e beije os seus pés; muitas mulheres têm fantasias em relação aos pés, o prazer e a intimidade nesta área do corpo a farão delirar.

"Faça sexo oral em todos os encontros sexuais que tiver com sua amante, a chave do prazer está aí."

O sexo oral para a mulher pode chegar a ser mais importante e prazeroso que a própria penetração.

Não pense que fazer sexo oral é chegar na vagina dela e passar a língua, como se fosse picolé.

O prazer da mulher está concentrado principalmente na estimulação do clitóris. Se você a "chupar" e não tocar no clitóris, está apenas perdendo tempo. Abra a vagina dela por cima, e deixe o clitóris à mostra; parece um pequeno dedinho, é ali que você tem que se concentrar.

Passe a língua devagar, sugue de vez em quando, brinque com ele. Penetre de vez em quando a vagina com sua língua, fazendo movimento de vaivém. Sugue o clitóris e ao mesmo tempo enfie um dedo na sua vagina (é importante você não ir diretamente ao clitóris, comece estimulando toda a vagina, e por último parta para a estimulação dele).

Peça para ela lhe dizer quando for gozar, então diminua o ritmo e recomece, repita várias vezes, até ela não agüentar e chegar ao orgasmo.

Quando ela gozar deste jeito, penetre-a rapidamente, ela ainda estará sob o efeito do orgasmo, e o prazer será redobrado.

Não se esqueça de que muitas mulheres não alcançam o orgasmo apenas com a penetração e sim com o estímulo do clitóris.

O sexo oral bem-feito pode salvar um homem que não é lá essas coisas na cama.

Não tenha apuro, lembre-se de que ninguém gosta de nada feito às pressas.

Sexo anal

Um tabu.

Nunca, por nenhum motivo, force este tipo de relação. Se a mulher não quer ou não está a fim, o prazer será substituído pela dor e pelo desconforto.

Na maioria dos casos, as amantes não têm nenhum problema para a prática deste tipo de sexo.

Se for possível, deixe o sexo anal para o fim do encontro, a não ser que ela demonstre querer fazê-lo antes da penetração vaginal.

Para muitos homens fazer sexo anal com sua parceira é o máximo de intimidade que se pode atingir numa relação sexual. É como se nesse momento sentissem que ela está se entregando por inteiro, dando aquilo que lhe é mais cobiçado.

Toda amante que fizer sexo anal terá com certeza um relacionamento mais duradouro do que aquela que é mais contida ou que não pratica este tipo de relação.

A maioria dos homens tem uma fixação quase que doentia por este tipo de sexo; sentem muito prazer quando são atendidos, mas também se frustram e podem até acabar o relacionamento quando não são complacidos.

É importante saber dar prazer à mulher quando se faz sexo anal. Excitá-la ao máximo e usar até algum tipo de lubrificante, se for necessário, para evitar a dor.

O sexo oral, praticado na vagina, pode ser feito na mulher antes do sexo anal.

Desta maneira o prazer e o relaxamento podem ser maiores. O fato de beijar o ânus pode ser visto como anti-higiênico. Não o será se os parceiros tomam todos os cuidados de higiene devidos.

Dependendo do tipo de mulher com quem está praticando este tipo de sexo, devem ser tomados certos cuidados. Se você sentir que a dor supera o prazer, seja rápido, não fique horas, e principalmente seja gentil, possivelmente ela está apenas fazendo isso para lhe dar prazer, não abuse.

Se ela, ao contrário, se sentir relaxada, sem dores, e você percebe que o prazer toma conta, é o momento de relaxar, fazer, sentir e dar prazer.

Não espere que ela goze com o sexo anal (são poucas as privilegiadas que chegam ao orgasmo desta maneira); por isso, se ela estiver de quatro, estimule seu clitóris com seus dedos, morda seus ombros e costas, puxe seus cabelos e sussurre coisas que a deixem ainda mais excitada.

Não se esqueça de usar camisinha e principalmente troque-a se for penetrar sua vagina.

Penetração vaginal

Saiba o momento certo de penetrar a sua parceira. Dependendo do tipo de relação, a penetração pode ocorrer um minuto após ter fechado a porta do quarto. É válida, quando for feita de comum acordo, quando o tesão seja incontrolável.

Não faça isso se você sentir que o clima não é o indicado ou o tesão não é suficiente.

Na maioria dos casos a *penetração deve ser feita pouco antes ou após o orgasmo* da sua parceira.

Ela deve estar o suficientemente excitada (molhada), para ser penetrada.

Não basta apenas se mexer para cima e para baixo para dar prazer a uma mulher.

Saiba variar as posições. Se numa delas ela não está sentindo prazer, em outra pode chegar ao orgasmo.

Não se esqueça de tentar estimular o clitóris, seja com sua mão ou esfregando-o enquanto a penetra.

Tentem chegar ao orgasmo juntos, o prazer será redobrado. Nunca goze antes dela, isso é egoísmo, dê prazer para depois senti-lo.

Outras dicas importantes

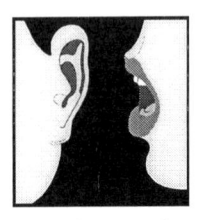

Fale durante a relação (por favor não vá comentar o jogo do Corinthians). Diga o que sente, se é amor, fale que a ama; se é tesão, não deixe de expressar o que está sentindo.

A maioria das mulheres gosta de fantasiar, experimente se sua parceira gosta de algumas palavras mais fortes, alguns xingamentos (cuidado, se ela não gostar, além de acabar com o sexo, você levará um sonoro tapa).

Fantasie durante a relação, invente um parceiro ou uma parceira imaginária; se ela continuar o jogo, vá fundo. O prazer será enorme.

Masturbe-a. Muitas mulheres adoram ser acariciadas (algumas nunca o fizeram, ensine-as). O sexo oral não deixa de ser uma masturbação, só que com a boca. Acaricie o clitóris, com seus dedos ou com seu pênis, esfregue-o de cima para baixo, como se estivesse pintando uma tela e seu pênis fosse o pincel, não há mulher que resista.

Se houver intimidade suficiente, e ela permitir, brinquem com objetos, se ela gostar desse tipo de penetração, com certeza chegará ao orgasmo facilmente.

Bata na sua bunda, puxe seus cabelos; um pouco de violência, sem exageros, pode ser muito excitante.

Muitas mulheres, ao praticarem sexo oral, costumam fazê-lo por inteiro, ou seja, do ânus até o pênis.

Muitos homens não estão acostumados a este tipo de carinho, e muito menos que brinquem ou coloquem um dedo no seu ânus.

Se isto acontecer com você, tome certos cuidados.

Se você gosta da sensação, relaxe e sinta prazer.

Se você não gosta, mas acha que ela está sentindo prazer, relaxe e espere tudo acabar. (Muitas mulheres chegam ao orgasmo penetrando seu parceiro.)

Nunca bata nela, se você não gostar ou não estiver de acordo com esta prática.

Lembre-se de que você pode ter penetrado o ânus dela com alguma coisa maior que um dedinho de mulher, é ela se achou no direito de fazer isso.

A mulher esperta vai dizer para você que está tudo bem; se não gostar, nunca mais vai fazer isso. Mas lembre-se também que nunca mais vai te dar o rabinho.

Muitos homens acham que sua masculinidade é violada, quando acontece uma situação destas.

Com certeza você vai continuar sendo homem após esta experiência.

Todo homem tem de ter seu lado feminino, a maioria das mulheres adora. O machão não faz parte dos desejos sexuais ou eróticos da mulher moderna. Você já se perguntou por que elas, às vezes, se envolvem com outras mulheres sem ser necessariamente lésbicas? Porque nada melhor que uma pessoa do mesmo sexo para entender a outra (tanto o homossexualismo masculino ou feminino se baseia nesses pilares). Tente pensar como uma mulher na hora de fazer amor, aja com ela durante a relação como uma mulher se preocuparia, ou tentaria dar tudo de si para proporcionar o maior prazer possível. Os homens são mais egoístas por natureza que elas. Em determinado momento é primordial que sejam um pouco femininos, para entender como elas pensam, agem e, principalmente, querem ser tratadas. Seja ativo quando for necessário, e submisso quando sua parceira evidencie a vontade de tomar a iniciativa. Não é necessário que você esteja 100% no comando; para fazer uma mulher feliz, deixe-a se liberar, assim como nós temos algo de mulher, elas também têm algo de homem que querem deixar extravasar no momento de fazer amor.

O depois é muito importante. Nunca dê as costas a uma mulher após fazer sexo e muito menos corra para o banheiro assim que gozar. (O único motivo aceitável é ter feito sexo anal, onde o correto é se limpar antes de penetrá-la na vagina.)

Olhe nos seus olhos e diga que a ama (se assim for) ou agradeça-lhe por esse momento. Se achar que ela foi incrível, diga isso beijando-a.

As mulheres também adoram saber que são boas de cama.

Tomem banho juntos, nunca se vista antes dela. Se houver tempo para fazer amor rapidinho quando ela está se vestindo, arrisque; elas adoram.

Deixe-a sair primeiro do quarto (se for motel), você paga na recepção e ela vai para o carro. Lembre-se de que ninguém gostaria que ela fosse encontrada ou reconhecida num lugar desses.

Aids — A morte sem cheiro e sem cor

— Doutor qual é o diagnóstico?

— O Sr. tem sífilis.

— Graças a deus, fico tão feliz.

Anos atrás estar com sífilis significava morte. Hoje, como no diálogo acima, é fichinha.

Lembre-se de que a Aids não vê condição social, beleza e muito menos amor.

Qualquer pessoa é um portador em potencial; a única maneira de saber se está ou não contaminado e através do exame de HIV.

A prevenção é a única maneira de pelo menos tentar se proteger desta praga do século XX, que com certeza se espalhará no século XXI.

Por mais que sua amante seja a mulher mais linda, *sexy* e higiênica do mundo, use sempre preservativos.

Se a pessoa com a qual você está saindo diversas vezes é casada ou comprometida, o risco já é alto, pois além da fidelidade dela é necessário contar com a do parceiro da sua amante.

Se sua amante não tiver nenhum vínculo fixo com qualquer parceiro (namorado, noivo, marido), os riscos são altos, pois, lembre-se, ela será sua amante até o dia em que encontrar alguém que a ame, cuide, queira como você, só que seja solteiro e disponha de todo o tempo e o carinho do mundo só para ela. Quando o encontrar pode ser que ela espere sair várias vezes até te contar a novidade.

A Aids é um filme onde há um assassinato e todos somos suspeitos.

Capítulo VII

**O que fazer quando
sua mulher descobre tudo
(ou quase tudo)**

O que fazer quando sua mulher descobre tudo (ou quase tudo)

Finalmente chegou o grande dia, sua mulher ficou sabendo que é corna. Como ela soube, não interessa, nem se preocupe em perguntar quem contou, o importante e trágico é que você foi desmascarado.

Muitos homens aproveitam esse momento para fazer o que queriam há muito tempo, ou seja, assumir a sua amante (falaremos disso no Capítulo VIII — *Assumindo sua amante*).

Outros vão negar cegamente, dizendo que está louca, enganada, não era ele, muitas desculpas e poucas explicações.

Não tente falar muito, vai piorar as coisas. Escute e, enquanto ela fala sem parar, pense numa boa desculpa, ou álibi. Às vezes, as idéias mais absurdas dão certo e poderão salvar seu casamento, não descarte nenhuma possibilidade, por mais descabelada que lhe possa parecer.

Se necessário, não durma na sua casa nessa noite. Diga que ela está muito nervosa e é melhor conversar amanhã. (Esse tipo de saída é ideal para aqueles homens que não têm desculpa nenhuma, fique a noite inteira pensando na solução do seu problema, não apareça em casa até que tenha a desculpa na ponta da língua.)

Se o seu caso é do tipo: "Me falaram que você estava com uma loira no shopping...", não fique preocupado, o "me falaram" não é prova nenhuma para acabar um casamento. Mesmo que tenham visto você entrando num motel, o "me falaram" não funciona.

Você não precisa ser muito esperto para se livrar de uma acusação desse porte, basta ter um bom álibi sempre à mão.

Se sua esposa encontra algum bilhete ou carta de amor num dos bolsos do seu paletó, a desculpa tem de ser rápida e direta. Ou foram seus companheiros de serviço fazendo piadinhas, diga que eles fazem isso o tempo todo. Ou se a carta está sem nome, sem assinatura e sem data (ver Capítulo V) e você não tem como explicar, fale simplesmente que essa carta era de Rita, aquela que namorou antes dela, estava limpando as gavetas, ia jogar fora e esqueceu, deixe-a rasgar a carta; com certeza ficará superfeliz.

Lembre-se. Todo homem teve uma namorada anterior a sua esposa, que ela com certeza odeia.

Ela não faz parte da sua vida há muito tempo, mas sua mulher nunca a esquece e diz que você continua gostando dela. É bom deixar esse fantasma rondando seu casamento; em algumas oportunidades você vai poder usar essa arma, para provocar ciúmes na sua esposa ou jogar a culpa de qualquer coisinha que possa abalar seu matrimônio.

Imagine a seguinte cena: você está num motel, com sua amante, no melhor momento do sexo, quando a porta se abre e sua esposa aparece ao lado da cama.

A seguir algumas frases bem-humoradas, que alguns maridos poderiam dizer às suas esposas:

- ✓ *O Mentiroso* — Juro que não sei quem é.
- ✓ *O Desorientado* — O que eu estou fazendo aqui?
- ✓ *O Mágico* — Como é que pode meu amor? Você está parada ao meu lado e embaixo de mim ao mesmo tempo.
- ✓ *O Violentado* — Ela me obrigou.
- ✓ *O Convincente* — Posso explicar tudo.
- ✓ *O Ator* — Quem sou? Onde estou?
- ✓ *O Cara-de-Pau* — Meu bem, não é nada disso que você está pensando.
- ✓ *O Tarado* — Tira a roupa e vem pra cama.
- ✓ *O Extra-sensorial* — Já te disse, eu amo a minha esposa, não vou aceitar mais chantagem. Oh, meu amor você estava aí?
- ✓ *O Indignado* — Quem deixou você entrar no quarto?
- ✓ *O Conformado* — Onde assino?
- ✓ *O Briguento* — Veio fazer escândalo sua mocréia, jararaca, anta, etc.
- ✓ *O Paizão* — E os meninos ficaram com quem?
- ✓ *O Organizado* — Senta um pouquinho, que acabo o que estou fazendo e estou contigo.
- ✓ *O Abusado* — Me faz um favor, pede um suquinho de laranja pra gente e abre a torneira da hidro.
- ✓ *O Dorminhoco* — Deixa eu dormir um pouco, depois a gente conversa em casa.
- ✓ *O Sabido* — Eu sabia que você estava me seguindo.
- ✓ *O Crítico* — Desculpa meu amor, sei que não é o momento, mas o teu vestido não está combinando com esses sapatos.

- ✓ *O Puxa-Saco* — Esse cabelo para o lado te deixa tão jovem e bonita.
- ✓ *O Observador* — Tem batom nos teus dentes.
- ✓ *O Desmemoriado* — Quem é você?
- ✓ *O Romântico* — Apesar de tudo, você é o sol que me ilumina, eu te amo.
- ✓ *O Finalizador* — Oi meu amor... vou gozar... a gente já fala... vou gozar... senta um pouquinho... vou gozar... gozei.
- ✓ *O Responsável* — Querida, você não deveria estar pegando as crianças na escola?
- ✓ *O Poliglota* — My God, Mi Dios, Mather Fucker, Mierda.
- ✓ *O Piadista* — Se eu te dissesse que ela é uma grande amiga, quase uma irmã, você não acreditaria, né?
- ✓ *O Vidente* — Eu sonhei que isto ia acontecer.
- ✓ *O Católico* — Meu Deus, Virgem Maria, Nossa Senhora.
- ✓ *O Enrolador* — Meu bem, estes impulsos psicossomáticos são derivados de uma necessidade introspectiva do meu *eu*, e do seu *você*, é por isso que minha testosterona perde o equilíbrio constantemente e estou aqui com esta mulher que nunca vi na minha vida.
- ✓ *O Limpinho* — Tomo um banho rapidinho e vamos embora.

Com uma amante tudo pode acontecer; o que fazer se...

1 — ... se você estiver cheirando a perfume de mulher

Acontece sempre, o pior é que você nem vai notar o cheiro de perfume, tamanha a empolgação. Peça alguém por perto para cheirá-lo (não peça com muito carinho, você corre o risco de levar tapa por parecer boiola).

- Passe numa lanchonete, peça um X-TUDO. Faça com o cozinheiro seu hambúrguer (é a chamada interatividade cliente-chapeiro). Aproveite todo o vapor, a fumaça e a gordura que puder; se necessário coloque a cabeça no máximo a 5cm da chapa (cuidado para não queimar a orelha, seu tonto).

Quando chegar em casa o cheiro da gordura vai ser tão insuportável que o perfume terá sido coisa do passado.

- Compre aquela pinga bem fedorenta e passe no rosto, no pescoço e na roupa.

É melhor que ela ache você um bêbado do que um traidor.

- Compre um perfume feminino e passe por cima do que já está em você. Os odores vão se misturar. Chegue em casa e dê o presente para sua querida esposa. Fale para ela: "Eu já experimentei, é uma delícia".

- Peça para um amigo fumante (ou amigos) para jogar toda a fumaça bem na sua cara. O cheiro de cigarro será tão insuportável que ela nem perceberá que por trás de tanta nicotina existia um doce perfume de mulher.

- Passe na casa de alguma parente (tia, prima, mãe) antes de chegar na sua. Se sua esposa perguntar, a resposta será fácil, o perfume é da Tia Clara, por exemplo.

2 — ... se ficarem marcas ou chupões

Freqüentemente, uma amante mais exaltada (ou mal intencionada) deixa marcas que serão difíceis de esconder.

- Dois conselhos importantes: nunca tenha uma amante com unhas compridas (tipo a bruxa de Branca de Neve). Manicure nela, ou luvas (aquelas de borracha), desse jeito nada de arranhões nas costas.
- Para não ficarem marcas de mordidas ou dentes, dê preferência às amantes banguelas ou sem dentes. BRINCADEIRA!!!!!

Na hora *H* coloque uma focinheira; além de erótico e fetichista, você não correrá o risco de ser todo retalhado por sua "cachorrinha".

O ideal é que sua parceira tenha consciência de que você tem outra vida, lar, mulher (se ela entender isso, com certeza chegará ainda mais mutilado).

Caso seu encontro tenha deixado marcas muito além das do coração, curta umas dicas totalmente comprovadas e de sucesso absoluto:

- Ligue para sua esposa e diga que pegou uma alergia horrível. Passe numa farmácia e compre um remédio específico para quitar manchas na pele. Faça outras marcas pelo corpo para confundir com a verdadeira. Pressione com o dedo indicador várias vezes (umas 2.000 já está bom) e torça para que outra marca parecida com a que você já possui apareça.
- Se as marcas forem perto do pescoço, e você dirige, diga que foi o cinto do carro.

Uma dica importante, o fator surpresa nunca é bom. Avise sua esposa que chegará em casa com alguma marca. Se ao vê-lo se espantar você apenas diz: "Eu não te falei sobre a marquinha?" (mesmo que você pareça ter sido atacado por Jack, o estripador).

- Assalto sempre é uma boa desculpa. Ligue para sua esposa e diga que está na delegacia fazendo um B.O. Acabou de ser assaltado e espancado. Esta desculpa é indicada quando sua amante é muito violenta ou se entusiasmou além da conta na hora *H*. Além de funcionar muito bem, você passa de culpado a vítima num segundo.

Maneiras ótimas de se esconder marcas ou chupões:

- Não tire a roupa na frente da sua mulher pelos próximos três meses.
- Faça amor somente de noite e sem luz.

- Saia do banheiro com a toalha enrolada do pescoço até o calcanhar.
- Use gola rolê por todo o verão.
- Se as marcas são nas costas, nunca dê as costas para sua mulher, faça amor com ela por cima.
- Se as marcas são no pescoço, cachecol nele.
- Não freqüente piscinas, clubes de campo principalmente no verão.
- Cancele aquela viagem de férias ao Nordeste e escolha Bariloche ou Antártida.
- Deixe a barba ou o cabelo crescer (pode demorar alguns anos, mas, dependendo do tamanho, cobrirá qualquer marca).
- Faça uma tatuagem.
- Diga que está com dor nas costas e encha de implastro poroso (aqueles adesivos que cheiram a vestiário de time de futebol). Coloque quatro ou cinco implastros, desempenharão o papel de Band-aids gigantes. Depois de alguns meses quando não seja mais necessário colocar os "malditos adesivos" e perceber que as manchas, marcas, unhadas desapareceram totalmente, também perceberá que com elas foi junto parte da sua pele de tanto grudar e desgrudar aquela porcaria.

3 — ... se alguém (ou ela) o viu com sua amante

Se alguém o viu em público com sua amante, numa situação constrangedora (já estar com ela em público é constrangedor), faça o seguinte:

... se alguém o viu (não sendo sua esposa):

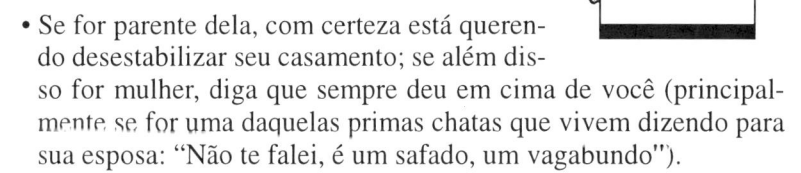

- Se for parente dela, com certeza está querendo desestabilizar seu casamento; se além disso for mulher, diga que sempre deu em cima de você (principalmente se for uma daquelas primas chatas que vivem dizendo para sua esposa: "Não te falei, é um safado, um vagabundo").
- Se for parente e avançada em anos, diga que a velha não enxerga nada, pergunte como você estava vestido (se ela não lembrar, o que

é mais do que provável, pontos para você. Se lembrar, diga que você e mais dez milhões de brasileiros têm essa roupa).

- Se a pessoa que o viu conta tudo com detalhes a sua esposa, diga que não pode ser, seu gosto por mulheres é totalmente o contrário. Por exemplo: se o flagram com uma loira, diga que você gosta de morenas, que odeia oxigenadas. Se sua mulher for loira diga: "Para que eu ia querer outra loira, se eu já tenho uma que amo loucamente?" (quanta mentira!)
- Se você perceber que foi flagrado, ligue para sua mulher nesse mesmo instante e diga que está em um lugar totalmente diferente do qual foi visto.

... se sua esposa o viu

- Se não estiver fazendo gracinhas com sua amante ou de mãos dadas, é bem provável que consiga se safar. Se for o caso, apresente a dita cuja como uma cliente, prima de algum amigo, ou uma velha companheira de colégio, essa nunca falha.
- Se a pessoa que até hoje é sua esposa o vir no carro com sua amante, tente de todas as formas convencê-la que tinha mais gente no banco de trás, será sua palavra contra a dela.
- Se sua mulher o pegar beijando, de mão dada ou fazendo qualquer outro tipo de agrado, existem várias possibilidades para se sair bem:

➤ Pegue o primeiro avião para Timor Leste.

➤ Não volte para casa por alguns dias ou anos (quem sabe ela esquece).

➤ Se era realmente casado no papel, com certeza, você "era".

4 — ... se sua amante engravidar

Em primeiro lugar tenha certeza absoluta de que seja seu. Fique tranqüilo, as chances de que seja ou não são de 50%.

- DNA está na moda, se não confiar na sua amante, recorra a ele.
- Reze para que seja apenas um simples atraso.

- Reze para que seja apenas um e não gêmeos.
- Reze para que sua mulher não descubra.
- Por via das dúvidas, compre roupinhas, sapatinhos, chupetas e mamadeira.
- E por último, já que rezou tanto, ore para que o resultado do DNA seja negativo.

5 — ... se sua mulher descobrir tudo

Fique tranqüilo, sua esposa nunca vai descobrir TUDO. Ela pode ficar sabendo através de diversas maneiras sobre sua amante, mas a pior de todas é quando sua amante conta tudo para ela; as demais você pode tirar de letra.

- Se alguma carta anônima chegar, não é problema, você daria credibilidade a uma carta sem assinatura? Claro que não. Um dia após chegar a carta faça outra e mande para sua mulher, com o mesmo teor (lógico, seria um inexistente amante dela que a estaria mandando), e diga: "Viu, é alguém que não tem o que fazer".
- Se forem ligações telefônicas, fique mais à vontade, mulheres odeiam que outras a provoquem através do aparelho, sua mulher a vai detestar, é provável que até a xingue e ainda diga: "Vai se catar, ele é meu, sua vagabunda". Você vai adorar ver duas mulheres brigando pelo garanhão.
- Se a amante contar tudo pessoalmente para sua mulher, comprovando fatos, dias, horários, fotos, bilhetinhos com assinatura, presentes...

... com certeza você não leu este livro.

*Lembre-se: tudo tem uma resposta. Quando você não
a tiver, é que a pergunta foi malfeita.*

10 maneiras nada convencionais e muito criativas de morrer, se sua mulher descobrir tudo

1 – Alugue uma fantasia de tenente alemão da Segunda Guerra Mundial e entre numa sinagoga gritando: "Ei, ei, ei, Hitler é nosso rei". *Morte lenta e dolorosa.*

2 – Num domingo vá ao estádio e entre no meio da torcida do Corinthians com a camisa do Palmeiras e grite: "Porco, Porco, Por..." *Morte rápida.*

3 – Assista durante 48 horas seguidas àqueles ótimos programas de vendas de produtos pela TV, com certeza se não morrer pelo menos eles devolvem o dinheiro. *Morte chata e demorada.*

4 – Participe de uma manifestação do MST (Movimento dos Trabalhadores Sem-Terra), vestido como tal, jogue pedras na polícia, fique na frente dos manifestantes e grite: "Queremos terra, queremos terra!!!!!", com certeza em 15 minutos você estará debaixo dela. *Morte fugaz e efetiva.*

5 – Visite a Favela da Rocinha na maior inocência, num sábado à noite, caracterizado de turista alemão, de bermudas, tênis, meias brancas até o joelho, camisa florida, boné com a inscrição I LOVE RIO, e máquina fotográfica na mão (de preferência digital) e diga enrolando a língua, sorrindo e apontando para aquele rapazinho moreno com cara de maus amigos: "MAUCACOU, MAUCACOU." *Morte estúpida, mas é morte na certa.*

6 – Pegue um avião para a Bósnia. Desça. *Pronto, já era.*

7 – Tome dessas sopas para emagrecer durante 30 dias. Além de emagrecer você irá desaparecer. *Morte penosa e asquerosa.*

8 – Na CPI dos Traficantes em Brasília, interrompa bruscamente, entre gritando: "Tenho uma bomba, estou armado". Provavelmente também terá uma bala na cabeça. *Morte politicamente correta.*

9 – Entre na academia de fisiculturismo e dê em cima do cara mais forte da turma, ele praticará supino com sua espinha. *Morte dolorosa.*

10 – Vá para Cuba e no meio de um daqueles discursos de sete horas de Fidel Castro, mostre a bandeira americana, coloque um boné que diga USA, ponha uma camiseta que diga VIVA CLINTON e depois...

... Depois você já morreu.

Recebendo a amante na sua casa — Cuidados a seguir

Tenha absoluta certeza de que sua esposa não vai chegar a qualquer momento, porque, se isto acontecer, tenha absoluta certeza de que você morrerá nesse momento.

Sua amante tem de ligar da esquina antes de entrar na sua casa ou apartamento. (Sua mulher pode ter chegado nesse intervalo da casa dela até a sua.)

Se você morar em apartamento, lembre-se de que os porteiros têm de ser seus aliados. Abra o jogo com eles, nunca diga que a pessoa que vai subir é uma prima da sua esposa ou amiga, você corre o risco de que, a qualquer momento, o porteiro comente com sua mulher a respeito dela.

Deixe claro que, quando a sua amante ("amiga") chegar, não é preciso interfonar para dar autorização para subir (não é bom que ela fique parada na portaria), peça para te dar apenas um toque de interfone, para saber que está subindo.

Explique ao seu porteiro que a pessoa que vai subir é morena, e usa óculos, por exemplo; assim quando ela chegar a única coisa que dirá será "boa tarde", e não "estou indo ao apto. 687".

Deixe a porta do seu apto. aberta ou sem chave, não é conveniente que algum vizinho a veja esperando para entrar na sua casa.

Feche as janelas e cortinas (abra-as assim que ela for embora, se for o costume na sua casa).

Passe desodorante ambiental, antes de a sua mulher sair de casa; assim quando ela chegar não desconfiará do cheiro, do mesmo desodorante ambiental, só que passados três minutos antes de a sua amante sair de casa.

Se usar a cama, lembre-se de que sua amante deverá ficar do seu lado e você ocupar o da sua esposa. Isso evitará que fique qualquer cheiro do lado da sua mulher; o certo mesmo é não usar travesseiros.

Arrume sempre a cama, não há como explicar que esteja desarrumada dos dois lados, é evidente que duas pessoas "dormiram" ali.

Se sujar algum lençol, não tente lavá-lo às pressas e depois secá-lo com o ferro; isso não funciona. Mande tudo para a lavanderia, inclusive fronhas, cobertor e edredon.

Coisas importantes que elas sempre esquecem na sua casa

No quarto — Verifique sempre no criado-mudo se ela não esqueceu nenhum anel, correntinha ou brinco. Se esqueceu e sua esposa encontrou, torça para que os brincos sejam pequenos, porque é bem capaz de você ter de engoli-los.

Não deixe nenhum pote de vaselina ou pacote de camisinha no chão.

Cuidado para as coisas mais inusitadas que uma mulher pode usar e você não tem a menor idéia; por exemplo, aquelas ponteiras usadas por cima das meias, para o sapato não machucar o pé. São pequenas, transparentes, quase sempre achadas debaixo da cama, e você ainda não sabe se são da amante ou da sua esposa. Na dúvida, jogue-as fora.

No banheiro — O que nunca sua mulher pode achar é um absorvente higiênico no cestinho de lixo. É muito difícil conseguir safar-se dessa situação e dar uma explicação no mínimo razoável, do tipo "sabe, querida, desde ontem que estava com umas cólicas, não é que hoje desceu".

Coisas grandes, tipo absorvente, com certeza você não esquecerá de jogar fora. Agora tome muito cuidado com as fitas adesivas que a mulher tira do absorvente antes de usá-lo, essas sim já derrubaram meio mundo, são pequenos detalhes que o delatarão.

Não jogue camisinhas na privada, elas podem reaparecer na sua vida a qualquer momento, se não as usa com sua esposa, será difícil de explicar.

Tire da pia todos os cabelos que encontrar, sejam seus, da sua mulher, da sua sogra ou do cachorro, não arrisque. Um excelente método para tirar os cabelos (de qualquer lugar da sua casa) é enrolar um pedaço de fita crepe na mão e ir passando por tudo quanto é lugar que sua amante esteve, os pêlos ficam grudados na fita. É meio nojento, mas 100% efetivo.

Cuidado com o papel higiênico na privada. Homens não usam papel na hora de fazer xixi; mulheres, sim. Dê sempre a descarga.

Se ela tomar banho, você também deve tomar. Não há como explicar você sequinho e o banheiro e a toalha molhados.

Ao sair, certifique-se de que ela tenha secado os pés, senão as impressões dos belos pezinhos da sua amante ficarão espalhadas por toda a casa.

Na cozinha — Lave tudo o que possa evidenciar 2. Por exemplo, 2 copos, 2 pratos, 2 talheres, etc.

Lave aquele copo com marca de batom e guarde qualquer coisa comestível que você detesta e ela adora, e acabou de comer, tipo picles; caso contrário você terá de comer picles na frente da sua mulher pelo resto da vida.

Se foi servido um aperitivo, tipo azeitonas, salaminho, queijinho, não esqueça que sempre ficam uns restinhos, ou coloque vários palitos de dente furando a comida ou apenas um.

Jogue o lixo fora assim que sua amante sair de casa. (Não esqueça, camisinhas e absorventes vão embora juntos.)

Na sala — Se você não fuma, cheiro de cigarro mesmo com desodorante ambiental é fatal. Pior ainda é ela encontrar bitucas com batom no cinzeiro. Cuide de todas as maneiras para que não se fume na sua casa.

Arrume o carpete, as almofadas e coloque o sofá no lugar se ele "andou" muito.

Arrume as cadeiras, apenas uma poderá estar fora de lugar.

Se ela trouxe algum pacote ou agenda, tenha cuidado; a sala é o lugar que ela vai esquecê-lo.

Tire o CD de músicas românticas do seu som.

E, por último, não esqueça de levantar o porta-retratos da "jararaca", perdão, da sua mulher, que você abaixou assim que sua amante entrou.

Brincadeiras à parte, a descoberta da amante pela esposa é um trauma para as três partes. A amante que, apesar de não parecer, também tem coração e sabe a humilhação que a esposa está passando; a esposa que é a traída, a corna, a idiota; e por último você, que, em alguns segundos, refaz sua vida mentalmente, tanto no passado, quando eram felizes, como no futuro, advogados, escândalo, os filhos, a pensão, o cachorro, o flagra, é o pior momento da relação a três.

Capítulo VIII

Assumindo sua amante

Assumindo sua amante

Virando-se sozinho

Passaram-se alguns meses, você agora mora sozinho, num apartamento novo ou, com muita sorte, sua mulher pegou todas as coisas, inclusive filhos e cachorros, e decidiu sair da casa.

Provavelmente você ainda não percebeu que não tem mais amante, agora tem uma namorada, assim como era antes de casar com sua ex-esposa.

O que é pior, se sua amante era casada, agora, além de não ter uma amante, é o amante. Incrível como os papéis se inverteram tão rapidamente.

Muitos homens percebem algum tempo depois que sua mulher sai de casa (mais ou menos uns 15 minutos depois) o quanto era organizada, rápida e prática.

Assim que ela fecha a porta, você toma um banho e relaxa, pensa que não pode ser tão ruim; afinal, muitos homens moram sozinhos. Saindo do banho, a demora para achar as meias pretas com listas cinzas pode chegar a ¾ de hora, você sai correndo para o escritório, chega atrasado, e com um terno preto com meias marrons.

Os primeiros dias do homem "solteiro" são uma maravilha. A sensação de liberdade fará com que você se sinta um ex-presidiário recém-saído de uma pena de 40 anos em Alcatraz.

Chegar em casa e não ter de responder àquele questionário interminável, mais parecia que estava entrando numa dependência da Interpol que na sua própria casa. Os meninos brigando, o cachorro latindo, aí você pensa novamente, até que não é tão ruim ser solteiro.

Agora pode falar ao telefone com sua amante, namorada ou quem for, sem ter de se esconder ou chamá-la de "claro Eduardo, com prazer Eduardo, sem dúvida Eduardo"; depois, sua mulher chegava e perguntava: "Quem era?". "Minha amante", você respondia brincando e com uma carinha de total satisfação, "o Eduardo lá do escritório, meu amor, quem mais poderia ser?".

Agora o telefone é todo seu, provavelmente nos primeiros dias vai falar baixinho, escondido no banheiro ou do lado da porta, olhando pelo buraquinho da fechadura, com medo que sua esposa chegue. Fale tranqüilo em alto e bom som, ela não voltará.

A comida é um caso à parte. Os primeiros dias você optará por cozinhar. Aquelas comidas que sempre adorou e sua esposa detestava e nunca fazia. Depois de uma semana e após ter percebido que demorava 2 horas e 40 minutos para preparar a comida, 1 hora e 15 minutos para limpar a cozinha e apenas 12 minutos para comer, é hora de mudar seus hábitos alimentares.

Aquele papo de comida saudável, poucas calorias, muita verdura, cai por água abaixo, graças ao poderoso telefone. A palavra mágica é *delivery*. Pode ser pizza, esfiha ou, por que não?, uma comidinha chinesa ou um Big Mac e suas mais de 2.000 calorias. Tudo é entregue em casa. Em poucas semanas você tem um novo grupo de amigos; os entregadores já o chamam pelo nome, e alguns até pelo apelido, tem até aquele mais folgado que fica para jantar com você, e ao qual você aproveita para contar toda a sua vida, até o momento da sua separação. Ele nunca mais volta.

Dependendo do seu biotipo físico, semanas ou meses depois, você está mudado, ou mais gordo, ou mais magro, mas sempre, com certeza, existirá um câmbio.

Até na forma de vestir, você, que era de usar camisas e calças sociais com vinco, vai optar pelos velhos e práticos *jeans* e pela sempre bem-vinda camiseta. As pessoas pensarão que a mudança se deve a que agora tem uma cabeça nova, somente você saberá que tudo se deve a que é muito difícil passar uma calça com vinco e quase impossível passar uma camisa direito. Na última vez que saiu com uma camisa que tinha acabado de passar, o pessoal do serviço ao vê-lo chegar correu até você denotando uma preocupação fora do comum e perguntando "o que te aconteceu, brigou, foi atropelado, fala o que aconteceu!", desde esse dia a camiseta faz parte do seu dia-a-dia.

Não foi necessário que passasse muito tempo para perceber que não tem nenhuma graça assistir a um filme sozinho, ou cozinhar apenas para você, ler um jornal e não ter ninguém para comentar as notícias.

Percebe o duro que é ser "dono de casa", cozinhar, lavar, limpar, organizar, então se decide está na hora de (fique calmo, 1 homem em 1.000 pensa em trazer a mulher, os filhos e o cachorro de novo para casa) trazer uma mulher para ficar com você; neste caso, sua amante.

Assumindo sua amante solteira

Faça com que as visitas da ex-amante, e agora namorada, a sua casa sejam graduais. Não deixe que durma na sua casa os primeiros dias após a separação. Ela tem de sentir que o território é seu, que você manda e ela vai entrar na sua vida apenas na hora em que você quiser. Não deixe que perceba que está precisando de uma mulher desesperadamente.

Aos poucos ela vai dormir na sua casa; no começo, uma vez por semana, depois duas, mais tarde fica de sexta a domingo, a seguir de domingo a sexta e, finalmente, fica a semana inteira, isto quer dizer, mora com você.

É neste momento que o homem descobre se fez besteira trocando sua mulher por esta mocinha que agora está na sua cozinha tentando fritar um ovo ou pensando como desgrudar a omelete do teto.

Até então, você sabia que na cama ela era nota 10, agora está percebendo que, como companheira, pode ser nota 6, como cozinheira nota 2, como dona de casa em geral nota 1. Você faz as contas, soma daqui, tira dali, divide por 3, multiplica por 4, e chega à conclusão que trocou uma mulher nota 7 por uma nota 4.

Muitos homens têm casos com suas amantes durante anos, mas no momento que ficam juntos o relacionamento dura apenas alguns meses.

Isso explica sem dúvida o porquê de tantos homens terem uma amante. A graça, ou a grande virtude de uma amante, é que não mora junto com a gente.

Nós a vemos sempre arrumada, linda, cheirosa. No primeiro dia em que ela vai morar com você, ao acordar de manhã, você olha ao seu lado e dá um grito de horror. Aquela não é sua amante, alguém a trocou durante a noite. Os cabelos, a boca sem batom, as olheiras.

Você a viu sempre de minissaia, salto alto, nunca pensou que de chinelo de dedo, moleton, camiseta regata limpando o forno pudesse ficar tão vulgar.

Essa é a grande vantagem da amante perante a esposa. Ela sempre vai estar arrumada ou para sair ou esperando você.

Quantos casos de homens que deixam suas mulheres por amantes você conhece? Muitos, provavelmente. Mas quantos casos de homens que deixam suas mulheres por sua amante e ainda continuam com elas? Muito menos, com certeza.

A expectativa que o homem tem da sua amante é muito alta, muito mais do que tinha pela sua ex-esposa antes de se casar. A amante tem de ser antes de tudo melhor do que a ex, porque as comparações serão inevitáveis.

Até a parte sexual tem uma mudança radical. O sabor do proibido, que tanto os excitava, desapareceu, o clima ideal, aquele quarto de motel, a banheira, tudo aquilo foi trocado pelo seu velho quarto e sua cama de latão que faz um insuportável barulho, capaz de cortar o tesão e a ereção de qualquer mortal. Aquela ansiedade, a espera para que chegasse o dia em que vocês iam se ver, agora não existe mais, o sexo é diário ou melhor horário (a toda hora).

Se tudo isso lhe acontece, ou aconteceu, provavelmente questione se o que sentia pela sua amante era amor, tesão ou apenas a necessidade de ter uma pessoa ou um caso, numa etapa ruim da sua vida.

Aquele caso com sua amante de anos pode se resumir a semanas no momento de assumir um compromisso sério com ela.

Pode acontecer o contrário: sua amante surpreendê-lo e, além de ser boa de cama, é uma excelente dona de casa, uma exímia cozinheira e a companheira que você sonhou durante toda a sua vida.

Se for assim, a única lamentação é a de não ter deixado sua esposa muito tempo antes.

Assumindo sua amante casada

Se você é do tipo que ama a sua amante e, mais que um caso, tinha uma relação afetiva sólida, com certeza vai sofrer.

Sua amante não tem por que ser a responsável direta pelo fracasso do seu casamento, mas, sem dúvida, se ela não existisse, talvez você nunca se separasse.

Não espere que sua amante casada deixe sua vida e vá morar com você, principalmente se o casamento dela tem mais de dez anos. Se tiver filhos, as chances de que esta história de amor tenha um final feliz são quase nulas.

Se você tiver uma amante casada, não se separe pensando em ficar com ela; isso provavelmente não vai acontecer.

A mulher casada e com filhos tem medo das mudanças, da reação dos filhos, dos parentes, dos amigos, do que as pessoas vão dizer.

Os filhos são 90% dos motivos para que uma mulher casada jamais deixe a segurança de um lar estável. Tirar um pai e colocar outro no seu lugar pode prejudicar o crescimento deles, gerar traumas, e o pior: as crianças acharem que sua mãe mandou o pai embora para ficar com outro. (O que não deixa de ser verdade.) As mães têm um medo horrendo de nunca serem perdoadas pelos seus filhos.

A segurança econômica é outro fator fundamental, principalmente se você não tiver uma ótima condição financeira.

A família, as amizades, a casa, o costume, são outras causas para que a sua amante prefira continuar casada do que embarcar em outro relacionamento.

A mulher casada para ficar com você teria de ter muitas garantias; o câmbio e o risco são muito altos, além do mais não existe volta. Ela suportaria que o marido a abandonasse, mas nenhuma mulher que se "sacrifica" por um amante suportaria que ele a deixasse.

Com certeza, sua amante não ama o marido, mas, se o relacionamento for de alguns anos, ela já se acostumou com ele, até criou um tipo de afeto quase inexplicável. Por um lado a amizade, o agradecimento, a admiração, por ser um bom pai, um razoável marido. Por outro, com certeza existe uma mágoa interior muito grande, a maior frustração é o fato de não ser feliz sexualmente e não ter a cumplicidade com ele, algo que tem com você.

Quando coloca isto na balança, filhos, dinheiro, amizades, parentes, sexo, etc, com certeza, você sairá perdendo.

O caso com sua amante casada, após sua separação, provavelmente não terá muito tempo de vida. Você começará a pressioná-la, vê-la uma vez a cada 15 dias provavelmente será pouco, se você realmente a ama, não suportará a idéia de que toda noite dorme com o esposo.

Podem acontecer muitas coisas, como por exemplo ela cansar-se da sua pressão e pedir para terminar tudo; ou você arranjar uma namorada e ela não topar continuar sendo sua amante; ou até você se apaixonar e não querer continuar tendo uma amante.

Ou pode acontecer aquilo que para você seria fantástico: ela deixar tudo, namorar, noivar e até um dia casar com você.

No dia em que ela falar "deixei meu marido", se segure e pense na responsabilidade que acabou de assumir, provavelmente muito maior do que quando se casou pela primeira vez. Você estará destruindo um lar, separando uma família. Tenha medo e tente ser feliz, porque desta vez não tem volta.

Se a sua amante tem filhos, a responsabilidade é multiplicada por cem; além de estar destruindo um possível relacionamento amoroso entre sua amante e o marido, você estará separando uma família, um pai, um filho. Não espere que seus enteados o idolatrem como um novo super-herói, se conforme com que eles lhe dirijam a palavra. A mãe com certeza você conquistou, agora os filhos... boa sorte.

Não existe relacionamento mais feliz em todos os aspectos que o de amantes que acabam juntos. Se por trás de tudo houve uma história de luta, de batalha, e principalmente se o amor sempre foi o pilar principal da relação, a felicidade será completa.

Como se desfazer da sua amante

Com certeza é muito mais fácil assumir sua amante do que se desfazer dela.

Em primeiro lugar precisa de uma razão muito forte e convincente para que o seu caso chegue a este ponto. Seja qual for o motivo, sua amante dificilmente o aceitará.

Por que você acabaria com sua amante?

Porque sua mulher está muito perto de descobrir tudo, porque você percebe que ama sua mulher, porque você se apaixonou por outra.

Nenhuma destas respostas pode ser dada a uma amante.

Sua amante não quer saber da sua mulher, e muito menos que a causa do rompimento é ela. Não mencione, em nenhuma hipótese, que sua esposa tem alguma coisa a ver com sua decisão. Se até então sua amante dizia não ligar para a sua esposa, no momento que você tocar no nome dela, provavelmente se torne a inimiga pública número 1.

Muito menos tente ser o mais sincero dos homens sobre a face da Terra e se abrir dizendo que ama outra mulher. Se sua amante até então não lhe disse que é um calhorda, é porque está com você, mas com uma notícia dessas ela não terá nenhum problema em dizer sinceramente o que pensa a seu respeito, e provavelmente não terá nenhum inconveniente em contar tudo isso a sua esposa (ou castrá-lo).

O relacionameno com sua amante tem de acabar aos poucos, o desgaste tem que ser gradual, porém preciso.

Lembre-se de que a primeira coisa que sua amante vai pensar é que você tem outra. Sendo assim, deixe claro que não é um problema de mulheres, e sim uma fase na sua vida, *o problema sempre será você, e nunca ela.*

Quando chegar o momento de acabar com tudo faça-o com classe, com estilo, ela tem de se sentir orgulhosa de ter tido um caso com você.

Não esqueça, a porta tem de ficar encostada, nunca fechada; a gente não sabe o momento que vai ter de entrar novamente.

Chore se for necessário, ela tem de perceber que você é diferente, que este rompimento está doendo muito. (Cuidado, não seja tão bom ator, até o ponto de querer lutar por você, por ser tão sensível.)

Nunca termine uma relação depois de ter feito amor.

Isso magoa profundamente qualquer ser humano, e o que é pior você estará fazendo uma inimiga para o resto da sua vida. Para algumas mulheres (assim como para alguns homens) fazer amor é quase que um ritual, uma coisa sagrada. Se você vier com uma notícia dessas, estará rompendo o encantamento, ela se sentirá usada, suja e totalmente decepcionada.

Demonstre aos poucos que está disposto a terminar com tudo. Seja mais frio nos telefonemas, na cama, deixe que sinta o seu desinteresse. Muitas vezes a sua própria amante vai propor acabar com tudo, e isto seria a coisa que você mais queria ouvir na vida. Com certeza você vai querer virar o jogo, dizendo que não, é melhor ficar juntos, mas por dentro está radiante de felicidade.

Caso ela não tome a iniciativa, continue com sua atuação e escolha um dia para almoçar juntos (nunca jantar) e fale de seus sentimentos, da sua péssima fase, e principalmente que hoje em dia você a estaria prejudicando mais do que ajudando. Não se esqueça de dizer que ela nunca sairá dos seus planos, e provavelmente algum dia vocês ficarão juntos (isso é o que toda mulher adora escutar), mesmo que você saiba que nada disso vai acontecer.

Nunca escolha a noite para romper com sua amante. Ela sabe que seu ponto fraco é a cama. À noite o clima é apropriado para o sexo, e ela com certeza saberá como seduzi-lo. Todo o trabalho de semanas será perdido por três horas de prazer.

Nunca acabe com sua amante na empresa (na sua empresa), isso se você quer continuar trabalhando nela. Escândalos no serviço quase sempre são traumatizantes.

O problema em ter uma amante que trabalhe na sua empresa é justamente esse, o escândalo, a possibilidade de serem demitidos, e se não acontecer, tem aquilo de que, de um dia para outro, ela não o olha, não dirige a palavra ou o trata mal na frente de todo mundo; não é preciso dizer que todos vão saber que alguma coisa aconteceu entre vocês.

A seguir algumas reações bem-humoradas de algumas amantes quando você diz adeus:

A Solteira – Chora muito, o abraça e, no outro dia, já tem namorado novo.

A Psicopata – Para ela é uma facada nas costas. (Nas suas costas.)

A Casada – Descobre que o marido é bem melhor que você, não entende como foi tão burra não ter percebido antes o tesouro que tem em casa.

A Solteirona – Fica triste, mas no fundo aliviada, já estava cansada de que invadissem sua privacidade.

A Coroa – Já sabia que não ia dar certo, a qualquer momento uma menininha de 20 apareceria na sua vida.

A Colega de Serviço – Pede demissão (ou você é forçado a pedir demissão).

A Parente – Diz que é o melhor que poderia acontecer, imagina se alguém descobrisse.

A Amiga da sua Mulher – Continua amiga da sua mulher, e inimiga sua.

A Ricaça – Compra outro amante.

A Comprometida – Casa um mês depois.

O Homem – Cruuuuuuuuzes, o chama de bichinha enrustida e ainda lhe diz que você não é homem o suficiente.

A Vizinha – Começa a namorar o imbecil do 905.

A Prostituta – Perde um cliente.

*A **Empregada Doméstica*** – Perde o emprego.

*A **Sadomasoquista*** – Sente uma imensa dor, isso lhe proporciona um enorme prazer.

Você leva um fora da sua amante

Se ser abandonado pela esposa é doloroso, ser deixado pela amante é muito mais.

Quando chegar este momento, tente se controlar, nada de mau humor e tratar as pessoas em casa de forma grosseira ou indiferente, com certeza sua esposa e principalmente filhos (se houver) perceberão que algo está acontecendo.

O sentimento é de impotência total, o homem abandonado pela amante não tem como reverter essa situação, a não ser que se desquite (coisa que provavelmente não irá fazer). Você não tem como prometer, porque não tem nada para oferecer, a não ser uma relação clandestina que tem como base o sexo; daí a revolta, pelo fato de reconhecer que ela está certa e tem direito de ser feliz.

Dói ainda mais se ela se apaixonar por outro homem; lembre-se de que é provável que seus encontros sejam esporádicos e ela pode ter conhecido alguém que tenha tempo integral para oferecer-lhe.

Não fique chateado, mas, se o trocou por outro, não é basicamente por uma deficiência sua, e sim pela necessidade de procurar alguém que a apóie sempre, que a ame quando mais precisa. Além do mais, chega um determinado momento que nenhuma mulher quer ser a outra.

Você deverá curtir essa fossa sozinho, esquecê-la rapidamente e em nenhum momento pensar se não devia ter largado sua família por ela, senão você enlouquece.

Capítulo IX

Quando sua ex-esposa se torna sua amante

Quando sua ex-esposa se torna sua amante

Depois da bonança vem a tempestade. Depois de se separar da sua mulher, e estar namorando, ela virá para ser sua amante.

O contato com a ex-esposa é inevitável, se houver filhos, ainda mais.

Nos primeiros meses depois da separação, ela ainda vai se achar sua esposa, com todos os direitos, até o de entrar no seu apartamento a qualquer hora com a desculpa de pegar alguma roupa esquecida.

Isso vai irritá-lo profundamente. Tenha paciência, ela cansará disso assim que arranjar um namorado.

O problema é que isso pode levar meses, ou até anos.

Se houver filhos, o contato com ela será praticamente diário. Quando não é para pedir dinheiro, é porque o Paulinho caiu ou a Neuzinha tá com dor de dente. Nesse momento você, arquiteto, se pergunta se por acaso ela pensa que é médico ou odontólogo.

Lamentavelmente as crianças sempre estarão no meio dos problemas do casal após a separação. Podem ser utilizados como um escudo, arma nem sempre leal, que visa principalmente atingir o pai, mas na realidade quem acaba pagando o pato são os próprios filhos.

Se você se separou da esposa, e assumiu a amante, ela com certeza odiará a ex-esposa cada dia mais.

Não adianta explicar-lhe que você tem de ir ver seu filho às 2 da manhã porque está com uma gripe horrível; ela não vai entender. O pior é que, quando você chega lá, a criancinha dorme como um anjo, você pergunta a sua "ex", "é a gripe?" Ela responde: "Já passou, foi só um espirro".

O sexo com sua "ex" vai ser muito melhor do que poderia imaginar um dia.

Como ela aprendeu tanta coisa neste curto espaço de tempo que estamos separados? É uma pergunta que você irá se fazer. A resposta é simples, ela não aprendeu nada de novo, apenas está pondo em prática seu instinto sexual, guardado há muito tempo e por diversos motivos raramente os manifestou.

É muito comum o caso de esposas que não aceitavam a prática de determinado tipo de sexo (seja anal ou oral) e, depois de separados, e principalmente de saber que você tem outra, faz na cama tudo aquilo que um dia você sonhou. Se ela tivesse sido sempre assim, você nunca teria procurado uma amante, e muito menos se separado.

Você se perguntará o porquê desta mudança. Uma das respostas é que ela esteja a fim de voltar para você, a outra é que ela tenha se liberado sexualmente, apenas pelo fato de sentir-se livre, sem obrigações, sem medo de que a julgue, a critique. Além do mais, a mulher separada se sente independente, aprende a ser independente e gosta disso. Se acha mais madura, bonita, interessante e sem as pressões que todo casamento provoca.

O sexo com a "ex" será diferente até pelo clima em volta de vocês. Sem os filhos por perto, provavelmente num motel, ou no velho apartamento, que já estava com saudades dela.

Não farão amor depois do jantar, ela cheirando a óleo (parecia que você estava possuindo um saco de batatas fritas gigante) ou após lavar o banheiro, cheirando a cândida.

Ela virá preparada, bem vestida, maquiada, com a lingerie mais *sexy* do mundo, como se fosse sua amante, não há como resistir.

Os papéis se invertem, você fala no telefone às escondidas com sua esposa, ou melhor dito, sua ex-esposa. Marca encontro às 3 da tarde, e vai para um motel bem longe da cidade. (Não deve existir coisa mais ridícula que ser flagrado no motel com sua ex-esposa.)

O sexo é fantasticamente prazeroso, ela faz tudo que você sempre quis é até um pouco mais. Que Cicciolina nem Chicholina, isso que é mulher. Ela agora grita, rebola, chora de prazer, deixa você extenuado, são três horas do mais puro sexo, em algum momento você pede interiormente sua ex-esposa de volta, aquela quietinha, que abria as pernas e o deixava gozar.

Não deixe sua atual namorada, noiva ou esposa, saber que você está de caso com sua ex-esposa. Para elas seria melhor saber que você está saindo com o açougueiro que receber essa notícia.

O tempo passa, sua ex-esposa está cada dia mais atraente, sua vida sexual nunca esteve melhor, seus filhos lindos, está na hora de consertar as coisas.

Sua mulher volta para casa, seus filhos brigando na sala, quebram aquela garrafa de vinho de 1934, seu cachorro comeu seu sapato de couro de crocodilo novo que custou 350 dólares, sua sogra, com quase 89 anos, diz que o médico lhe falou que não era bom segurar e faz meia hora que solta gases ao seu lado, capazes de aniquilar a população do Iraque em questão de minutos.

Você vai deitar, sua mulher não chega, até que enfim ela aparece, cheirando a cândida e óleo, sem maquiagem, de chinelo e com uma camiseta com a inscrição "vote para deputado em...", deita ao seu lado e dorme.

No silêncio da noite, você pensa, reflite e decide... ESTÁ NA HORA DE PROCURAR UMA AMANTE.

7 Pecados capitais do homem infiel

1 – Nunca confesse a sua esposa que tem ou teve uma amante, ou qualquer relação sexual fora do casamento.

2 – Nunca assine ou coloque data e nomes nos bilhetinhos ou cartas endereçados a sua amante.

3 – Nunca chegue em casa com os cabelos molhados.

4 – Nunca confunda o nome da sua mulher com o da sua amante.

5 – Nunca pague o motel, flores ou presentes com cartão de crédito.

6 – Nunca engravide sua amante.

7 – Nunca assuma sua amante, uma semana após ter se separado da sua esposa.

Capítulo Especial

**Onde estou errando?
Quais os sintomas do homem infiel?
E agora, fazer o quê?**

Onde estou errando?
Quais os sintomas do homem infiel?
E agora, fazer o quê?

Estética

Fique tranqüila (ou nervosa). Mesmo que você tenha um corpo escultural e um rostinho de princesa, pode ser traída. A aparência não tem necessariamente de ser a causa da traição. Muitas vezes, as amantes são mais feias que as esposas.

Se você acha que está na hora de ir para uma academia, perder aqueles quilinhos a mais, procurar um *spa*, ou até aquele tratamento contra a celulite, no qual é ligada a 5.000 fios, envolta numa manta gelada, e no final não dá em nada, pode ir, mas, lembre-se, com certeza já é tarde.

Alguns homens mandam o carro para a oficina mecânica assim que for detectado algum problema. Há outros que deixam acumular problemas, e no final não têm mais carro, acabou, tem de ser vendido para um ferro velho.

Com as mulheres às vezes acontece o mesmo; algumas, na primeira falha no visual, vão tentar arrumar, outras, não, deixam acumular problemas e de repente não têm mais conserto.

Lembre-se, seu esposo casou com aquela mulher de alguns anos atrás, magrinha, sem rugas, sem flacidez, sem celulite; é provável que hoje ainda esteja apaixonado por aquela mulher e se perguntará, quando ocorreu a troca, "quero minha esposa de volta". (Infelizmente para as mulheres, os homens envelhecem mais lentamente e sem ter de fazer muito esforço para manter uma aparência jovem.)

Cuide de você, goste de você, olhe-se no espelho e se pergunte se está linda. Se a resposta for não, comece a agir, há uma chance de que seu marido se apaixone novamente.

O caso mais grave em matéria de estética para os maridos é a gordura. As rugas fazem parte de cada um de nós, sejamos homens ou mulheres, mas a gordura pode ser evitada.

Tente se manter em forma; se ele perder o tesão, é meio caminho andado para que procure uma amante.

Use alguma roupa provocante, experimente sempre novas lingeries, não se vista bem apenas para ir em aniversários ou festinhas, surpreenda seu marido, os homens adoram isso.

Na sua casa, se morarem sozinhos, não ande sempre nua, chega um momento em que o prazer de tirar a sua roupa ou ver seu corpo perdem totalmente a graça. O mistério vai fazer, durante toda a vida, parte primordial do sexo.

Não faça mudanças radicais no seu visual sem consultar seu marido. Os homens detestam surpresas desse tipo, e ao mesmo tempo se sentem importantes e imprescindíveis quando você pergunta para ele o que acharia de tal coisa.

Toda mudança estética tem de ser gradual e espontânea, em primeiro lugar, deverá querer que isso aconteça, vai fazê-lo por você e para sua felicidade.

Caráter, sexo e "otras cositas"

Nenhum homem agüenta uma mulher chata, por mais linda que seja. Se você se considera uma chata de carteirinha, a chance de ser traída é superior à média.

Exemplos de coisas que fazem de uma esposa uma chata:

No final do filme você pergunta se amanhã ele vai levar para trabalhar a gravata azul ou aquela com desenhinhos do Piu-Piu, e seu marido fica sem saber como tudo acabou.

(Problema clássico de falta de tato, tente se controlar, mesmo que não goste de TV ou filmes, respeite as coisas que ele gosta.)
- Ele chega em casa cansado de trabalhar, depois de ver oito clientes, sem comer ou tomar banho, e a primeira coisa que você diz é: "Você estava com outra, eu tenho certeza, você está me enganando".

(Esse tipo de recebimento é mortal, se você quer acusá-lo, faça-o com provas, não fale por falar; nesse momento você deveria apoiá-lo e não acusá-lo.)

- Querido, vamos almoçar todo sábado com a mamãe, domingo com minha irmã e nas férias vamos para o interior, na casa da minha avó.

(Seu marido pode ir a qualquer lugar, e até parecer que está feliz, mas, com certeza, preferiria estar apenas com você ou, no pior dos casos, alguns finais de semana com seus parentes e amigos, e outros com os dele. Não abuse, tente ser o mais independente possível da sua família.)

- Você deixou o prato sujo no canto da pia e quase caiu, colocou as meias na gaveta das cuecas, e ainda não encheu a jarra de água, além do mais..., etc.

(Mulher perfeccionista demais é muito chata. O problema é que, se você é assim, provavelmente nunca mude. Tente se controlar, se for necessário procure a ajuda de um profissional, seja de um psicólogo ou de uma empregada doméstica, lembre-se se seu marido é desajeitado ou bagunceiro, é igual a você, nunca vai mudar.)

- Na hora de fazer amor, no papai e mamãe, você diz: *"Tá na hora de pintar o teto, não gosto da cor bege".*

(Se você tem uma arma em casa, tenha cuidado para ele não usá-la.)

Caráter

Com certeza é muito mais fácil mudar seu visual do que seu caráter, mas, se você ama seu marido, vale a pena tentar.

Evite ser chata (ver exemplos neste capítulo), os homens odeiam pessoas que implicam por pequenas coisas, como derrubar água na toalha de mesa, deixar cair o garfo ou esquecer de pendurar a toalha. Se tiver que brigar, faça-o por coisas importantes. Essas implicâncias vão, dia a dia, acabando com o seu relacionamento. Pode parecer que seu esposo não ligue para tudo isso, mas um dia, se tiver de jogar na sua cara esse seu jeito de ser, com certeza não vai esquecer cada uma dessas brigas ou implicâncias bobas.

Não fale demais, principalmente na hora em que ele chegar do serviço; lembre-se de que chega cansado, sem paciência, querendo apenas relaxar. Saiba escutar, com certeza vai admirá-la muito mais se você sentar e escutar palavra por palavra que ele disser. Mesmo que não entenda nada do assunto (principalmente no que se refere ao trabalho dele), ou não esteja a fim de ouvir, faça um esforço, serão pontos para você.

Não seja exagerada em absolutamente nada (roupas, gestos, comportamento). Tudo o que é exagerado acaba cansando. A maioria dos homens prefere que sua esposa não chame a atenção (pelo menos, não sempre). Tenha classe, sem perder a simpatia e a simplicidade.

Sexo

Se você é boa de cama, as chances de ser traída são quase nulas, mas não inexistentes.

Nenhuma mudança no âmbito sexual pode ser radical ou forçada, com certeza seu parceiro perceberá que há alguma coisa de errada.

Lembre-se, para alguns, o sexo é uma das maneiras para se procriar, para outros, é também uma forma de obter prazer.

Tudo o que for feito entre você e seu marido, em matéria de sexo, é válido, desde que de comum acordo e respeitando as vontades um do outro.

Existe uma velha frase, muito machista por sinal: "A mulher tem de ser uma *lady* na rua e uma p... na cama". Provavelmente é o que 100% dos homens querem da sua esposa.

Não existe coisa mais horripilante do que aquele tipo de mulher que diz: *"Isso eu não faço, é nojento, isso é uma anomalia, nunca eu faria"*. Se você for desse tipo, com certeza será traída, cedo ou tarde (a não ser que seu marido seja uma ameba em matéria de imaginação na cama).

A maioria dos homens considera uma mulher boa de cama por três aspectos:

1 — Liberal sem preconceitos — Ela faz sexo oral e anal, e com certeza tem meio caminho andado para ser uma excelente amante. Raramente nega alguma posição ou proposição sexual.

2 — Carinhosa e criativa — O carinho é primordial, as mulheres que beijam, que dizem palavras de carinho, de amor, e além do mais sempre estão inventando uma posição nova, são idolatradas pelos homens.

3 — Sacana e cúmplice — A mulher que fantasia, que fala, que pede, que grita durante a relação (sem exageros), provoca muito mais tesão no seu parceiro.

Seu esposo tem uma amante
Sintomas, atitudes e costumes:

1 — Chegar tarde em casa. (Se ele não tinha esse costume.)

2 — Mudanças bruscas de caráter. (Alegria ou tristeza sem motivo aparente.)

3 — Falta de apetite sexual. (Ficar sem fazer é grave, recusar é certeza absoluta.)

4 — Exagerado apetite sexual. (Há homens que para disfarçar seu caso investem muito mais na vida sexual com sua esposa.)

5 — Presentes fora de hora.

    a) flores = ele está pensando em te enganar

    b) roupas = ele está saindo com alguém

    c) jóias ou viagens = ele está saindo com alguém e está apaixonado

    d) carros importados ou imóveis = ele está pensando em se separar de você

6 — O telefone toca e ninguém responde.

    a) várias vezes ao dia = começo de caso

    b) duas ou três vezes ao dia = caso estável e duradouro

    c) o telefone pára de tocar = ele brigou com ela

    d) volta da rotina = reconciliação

7 — Chegar com o cabelo molhado, cheirando perfume de mulher, com roupas desarrumadas. (Só faltou batom no colarinho, pegue um rolo de macarrão e dê na cabeça dele.)

8 — Aumento de horas extras. (Sempre as horas extras serão motivo de suspeita.)

9 — Viagens constantes de negócios. (Principalmente durante os finais de semana, suspeite se, ao chegar, ele disser: "Meu

amor, que coisa chata, reuniões e mais reuniões, ainda bem que você não foi".)

10— Gastos exagerados ou inexplicáveis. (Se na fatura do cartão de crédito aparecerem uns códigos estranhos, SP2 por exemplo, fique de olho.)

11— Cheiro de desodorante ambiental em demasia, seja no carro ou na sua casa. (Principalmente se não tinha esse costume, são sempre para esconder o cheiro de sexo ou de perfume.)

12— Vaidade em excesso. Roupas novas, principalmente cuecas, banhos de creme, perfumes, exercícios.

13— Recados amorosos no BIP. (Ele vai dizer sempre que deve ser para outro código, não caia nessa.)

14— Está louco para que acabe o final de semana, e que seja logo segunda-feira. (Não vê a hora de ficar juntinho dela, é traição na certa.)

15— Mudança radical na sua vida sexual. (Novas posições, novo fôlego, parece como se não fosse você quem estivesse fazendo amor com ele, com certeza não é.)

16— Ele trata seus parentes, inclusive a sogra, muito bem. (Isto é morrer de olhos abertos, claro que alguma coisa está acontecendo!!!)

17— Confundir seu nome ou apelido com o de outra mulher. (Isto já não é um sintoma, é uma prova, faça o que quiser.)

18— Caixinhas exageradas para os porteiros no Natal. (Mais do que funcionários, estes elementos são cúmplices, tente apertá-los que eles confessam.)

19— Encontrá-lo falando do orelhão da esquina. (Se vocês não têm telefone, pergunte com quem ele estava falando; se tiverem, bata a cabeça dele no orelhão.)

20— Presentes que você detesta. (Provavelmente a outra adore, acontecendo várias vezes, jogue os presentes pela janela, com ele junto.)

21— *Atenção!!!* O homem que está traindo, **diminui ou quase elimina o beijo na boca** na sua esposa. Esse sintoma é uma realidade de 99 entre 100 homens que enganan suas parceiras.

Apesar de você agora saber de quase todas as possíveis mancadas que seu marido pode cometer, existem muitos homens que sempre vão conseguir se safar.

Lembre-se de que uma das leis deste manual é que o homem nunca deve confessar que trai a mulher, e é isso o que ele vai fazer.

Sempre terá uma desculpa pronta, já que sabe que a qualquer momento poderá errar e pôr tudo a perder.

Se você acredita o problema é totalmente seu.

O que fazer quando descobrir que ele tem uma amante

- Pense duas vezes antes de tomar uma atitude.
- Suas atitudes e reações dependerão exclusivamente da vontade ou interesse que tem de ficar ou não com seu marido.
- Seja fria e coerente, lembre-se de que há interesses familiares e econômicos envolvidos.
- Não espalhe pelos quatro cantos que descobriu tudo, muitas pessoas adoram a infelicidade alheia; além do mais a maioria vai dizer: "Não te falei, eu tinha certeza, todos os homens são iguais..." e um monte de baboseiras, que não acrescentarão nada ao seu problema.
- Não use seus filhos como motivo para que ele não tenha uma amante, você sabe bem que eles não são o motivo do problema.
- Não tente prejudicá-lo em nenhum âmbito da vida, seja profissional ou pessoal; você possivelmente depende dele para muitas coisas, principalmente se houver filhos.
- Não corra para contar o problema a sua mãe ou a qualquer outra pessoa que sempre teve uma certa antipatia por seu marido. Com certeza deixarão você mais desesperada. Procure uma pessoa neutra, mas de confiança.
- Não pague com a mesma moeda, é baixo demais.
- Nunca perdoe uma traição facilmente, lembre-se de que pode ser um excelente ator, sinta que realmente esteja arrependido, mostre tudo o que pode perder e com certeza nunca mais a trairá.
- Se conseguir ter o controle suficiente, dialogue, pergunte o porquê, desde quando, onde você está errando, lembre-se de que nesse momento você é vítima, e é com certeza a única chance que terá de saber toda a verdade (a surpresa é um fator determinante para que ele confesse tudo).
- Nunca, por nenhum motivo, recorra à violência, não se justifica. (Mesmo que você tenha vontade de castrá-lo e pendurar seu saco no alto da Torre Eiffel.)

- Se alguém tem de sair de casa é ele, fique no seu território até tudo se acalmar.
- Não pergunte "o que ela tem melhor do que eu", você não gostará de saber a resposta.
- Se você também teve um amante, com certeza o momento para contá-lo não é este.
- Não se ache a mulher mais feia e desinteressante do mundo, pode não ter sido seu aspecto físico a causa da traição. Se você realmente estiver um *canhão*, conforme-se em saber que sempre tem alguém pior do que você (ou pelo menos quase).
- Não tente jogar a culpa na amante, às vezes ela nem sabe que o homem é casado, o maior culpado é seu marido.
- Se a amante for uma amiga???, ou uma conhecida, com certeza a dor será maior, mas pelo menos você terá a identidade da pilantra e saberá como se defender ou atacar.
- Se você o perdoar, saiba que ambos terão de mudar, e o que aconteceu morreu, faz parte do passado, não adianta ficar esfregando na cara dele. O fato de ter tido uma amante, nenhum dos dois se sentirá à vontade na relação e com certeza a separação será inevitável.

A confiança, infelizmente, ficará abalada para o resto da vida, mas com muito esforço e amor (se ainda existir) poderão ser felizes para sempre.

101 PIADAS

**Sexo, Traição
Amantes e Casamentos**

Traição e amantes

1 — O homem passa uma cantada na vizinha, que reage:
— Esqueceu que sou casada? O meu marido está viajando, o senhor deveria pelo menos respeitar a mulher do próximo.
— É, mas a *Bíblia* não diz nada a respeito da mulher do distante!

* * * * *

2 — O maridão liga para casa e a empregada atende:
— Por favor, Maria, chame a patroa.
— Ela não pode atender porque está fazendo amor no quarto.
— O quê! Faça um favor para mim, pegue a arma e dê dois tiros em cada um deles.
Minutos depois
— Pronto, e agora o que eu faço?
— Pegue o corpo dos dois e jogue na piscina.
— Piscina? Aqui é o 15º andar, não tem piscina.
— Perdão, o telefone daí é 555-67...

* * * * *

3 — A mulher chega ao Céu com saudade do marido, que já está lá há alguns meses, e é recepcionada por São Pedro.
— Seja bem-vinda, senhora...
— Quero ver meu marido!
— Qual o nome dele?
— Zé!

— Vai ser difícil encontrá-lo, nós temos mais de dez milhões de homens com esse nome. Dê mais alguns detalhes...
— Ele era um homem muito bom. Antes de morrer, me pediu para não traí-lo. E disse que, para cada vez que eu o traísse lá na Terra, ele ia dar uma rodadinha aqui no Céu.
São Pedro vira-se imediatamente para um anjo:
— Arcanjo, vá buscar o Zé Pião e transfira esta senhora para o inferno!!!

* * * * *

4 — Papo de duas amigas:

— Me conta tudo sobre essa viagem de férias no navio!
— Menina, foi fantástica... Conheci um homem maravilhoso, ele me passou uma cantada e começamos a fazer amor em alto-mar! Pena é que, depois, conversando com ele, descobri que era o melhor amigo do meu marido.

— E aí, como vocês fizeram no resto da viagem?
— Ah, foi a maior tristeza: fazendo amor, chorando, fazendo amor, chorando...

* * * * *

5 — Querida, por que você nunca fala comigo quando tem seus orgasmos?
— Ora Enrique...você nunca está por perto quando eu os tenho...

* * * * *

6 — Nunca dormi com um homem antes de me casar com seu pai — orgulhava-se a severíssima mãe diante da filha adolescente. Você vai poder dizer isso a sua filha?
— Acho que sim, mas com essa cara de pau vai ser difícil.

* * * * *

7 — Acho que descobri o jeito de meu marido parar de chegar em casa de madrugada — diz ela, no cabeleireiro.

— Como é? pergunta a amiga, no secador ao lado.
— Quando ele chegou, anteontem, na ponta dos pés, eu perguntei baixinho: "É você, Mário?"
— Ué, e daí?
— Ele se chama Carlos, minha filha.

* * * * *

8 — Pesquisa científica revela: cerca de um terço dos maridos fala com a esposa logo após o sexo, mas apenas quando têm um telefone à mão.

* * * * *

9 — Maternidade de Tóquio. O pai aguarda nervoso a chegada do primeiro filho. Enfim, vem a parteira e lhe apresenta o rebento: alvinho, lourinho, olhinhos bem azuis.

— Ei, que história é essa? ele pergunta espantado.
— Bem... tenta explicar a enfermeira — Só pode ter sido um "ocidente".

10 — Cedendo às lágrimas e ameaças da mulher, o marido — portador de uma irreprimível compulsão de trair — concorda em consultar um psicólogo. Algumas semanas depois, seu amigo mais íntimo, a quem ele havia confessado todo o seu drama, lhe pergunta:

— Como é, a terapia está mesmo te ajudando?
— Ainda estou na dúvida, ele responde — Mas já consegui fazer o psicólogo enganar a mulher três vezes.

* * * * *

11 — O homem chega em casa e surpreende a mulher na cama com outro.

— O que é que você está fazendo? — espanta-se ele.
 A mulher vira-se para o amante e diz:
— Viu, não te disse que ele é idiota?

* * * * *

12 — O marinheiro volta para casa depois de uma viagem de dois anos e encontra a mulher embalando um filho recém-nascido. Furioso, ele decide descobrir com quem ela andou transando.

— Foi com meu amigo Alfredo? — ele brada.
— Não — responde a mulher, lacrimejante.
— Foi com meu amigo Fernando?
— Não.
— Então com qual miserável dos meus amigos foi? — ele exige saber. Ela fica indignada:
— E por que você acha que eu não posso ter meus próprios amigos?

* * * * *

13 — O homem chega em casa mais cedo e encontra a mulher nua na cama. Desconfiado, revira a casa toda à procura do amante. Olha pela janela e vê, lá embaixo, um sujeito atravessando a rua e arrumando a gravata. Enfurecido, o marido joga a geladeira pela janela e acerta o homem que vai passando. Minutos depois, duas almas chegam ao Céu. A primeira diz a São Pedro:

— O senhor pode até não acreditar, mas eu tinha acabado de comprar uma gravata, saí da loja e me caiu uma geladeira na cabeça.
E o segundo:

— O senhor pode não acreditar, São Pedro... Eu estava dentro daquela geladeira...

* * * * *

14 — Um galã de TV acorda totalmente rouco. Apavorado, pois tinha gravação à tarde, corre ao apartamento ao lado, onde mora um médico. A mulher do vizinho abre a porta.
— Seu marido está? — ele consegue dizer.
— Não! — sussurra ela. Entra depressa, que não tem ninguém olhando!

* * * * *

15 — O senhor idoso entra no elevador do edifício onde mora a jovem amante.
— Sobe! Fala o ascensorista.
— Deus te ouça, meu filho. Deus te ouça...

* * * * *

16 — A menininha curiosa:
— Mãe por que todos os contos começam com "era uma vez"?
— Nem todos, querida, responde a mãe resignada. — Alguns começam dizendo: "Querida, esta noite tenho de jantar com um cliente e devo chegar de madrugada".

* * * * *

17 — O canibal e o filho estão à procura de comida, quando avistam uma nativa jovem, belíssima, nuinha. Vendo aquelas apetitosas carnes, o menino faminto:
— Vamos devorá-la agora mesmo, pai?
— Calma, filho. Você ainda é muito jovem. Por que não a agarramos, levamos para a casa e, quando chegarmos lá, devoramos a mamãe?

* * * * *

18 — Duas tenistas trocam de roupas no vestiário, depois de uma partida, quando uma delas nota que a outra está vestindo cuecas:
— Ué, desde quando você usa isso? — pergunta, espantada.
— Desde que o meu marido encontrou uma dessas debaixo da nossa cama.

* * * * *

19 — A jovem recém-casada chega à casa dos pais à meia-noite, aos prantos:
— Mamãe! Papai! O Pedro me bateu, me espancou, quase me mata!
— Mas, querida, você não tinha dito pra gente que seu marido ia viajar a negócios hoje de manhã? — pergunta a mãe.
— Pois foi isso mesmo que eu pensei!

* * * * *

20 — Duas amigas fofocam:
— Sabia que a Marilda confessou ao marido todas as infidelidades dela? — diz a primeira.
— Puxa que coragem! — espanta-se a outra.
— Deixa pra lá a coragem! O surpreendente é a memória dela!

* * * * *

21 — Cercando a um canto da sala a bela cunhada, dizia ele, a babar:
— E aí, vamos fazer um papai-e-titia?

* * * * *

22 — E a mulher do perfumista esbarra com ele justamente no momento em que está atracado à cunhada no corredor:
— Ah, canalha! Te peguei em "fragrante"!

* * * * *

23 — Mamãe, que homem maravilhoso é o Evaldo, o meu novo namorado! — fala, embevecida, a jovenzinha.
— E por que ele é tão maravilhoso assim? — indaga a mãe.
A moça dá um suspiro, ofega, e, por fim, responde:
— Que homem, mamãe, que homem! É inteligente, não fuma, não bebe, é econômico, tem um ótimo emprego, uma esposa linda, quatro filhos muito educados...

* * * * *

24 — E então a primeira mulher, Eva, expulsa pelo Senhor do Paraíso Terrenal por haver pecado, provando da banana proibida.

* * * * *

25 — Sabe aquela do Joaquim, que inventou um método infalível de evitar filhos? Só transava com a cunhada.

* * * * *

26 — De consciência pesando mil vezes mil quilos, revela o sultão às esposas:

— S-sim, fui infiel a vocês! E-eu me apaixonei por outro harém.

* * * * *

27 — Manuel atende o celular:

- Maria! Como foi que você descobriu que eu estava aqui no motel?

* * * * *

28 — Três da madrugada, Aninha ainda não conseguiu dormir:

— Manhê... me conta uma historinha?
— Calma, filhinha — responde a mãe. — Espere só um pouquinho que o papai daqui a pouco está chegando e vai contar uma história pra você e outra pra mim.

* * * * *

29 — O amigo tenta demover o outro da decisão de divorciar-se:

— Pense bem, pense bem. Afinal, são tantos anos de casados... as crianças... Além do mais, por um motivo tão banal vocês se separarem... Um fim de semana na farra com os amigos não é lá o fim do mundo!
— Não importa o que você pensa, cara. Eu continuo achando que ela não devia ter ido.

* * * * *

30 — Resultado de uma pesquisa sobre a atitude dos homens após o ato sexual: 15% dos homens viram para o lado direito e dormem; 15% viram para o lado esquerdo e dormem; e 70% dos homens vão correndo dormir em casa!

* * * * *

31 — Duas cintilantes peruas esbarram-se à entrada do cabeleireiro:
— Há quanto tempo, Nubia! Quais são as novidades?
— Nem te conto, Zelma... estou grávida de quatro meses!
— Que maravilha! Há tempos vocês tentavam, não é?
— Há seis longos anos. Até que resolvi ir a um pai-de-santo, e deu certo.
— Engraçado... o Walter e eu também freqüentamos um por três meses, e nada.
— Aí é que está o seu erro, minha filha, vá só.

* * * * *

32 — Hospitalizada, a mulher diz ao marido:

— Querido, nós fomos felizes por 25 anos. Por isso, se acontecer o pior, desejo a sua completa felicidade. Encontre uma mulher que seja uma boa amante e companheira, melhor ainda do que eu tenho sido. Dê tudo o que é meu para ela, até mesmo as roupas...
— Isso será impossível, querida. Você usa 46 e ela 38...

* * * * *

33 — Tico e Teco eram muito amigos. Nascidos na mesma maternidade, criados na mesma rua, estudaram no mesmo colégio e torciam para o mesmo time. Aí, um belo dia, Tico se casa e escolhe o Teco para padrinho. A mulher do Tico, gostosíssima, logo se enturma. Começa a dar bola para o Teco, até que este se decide.

— Dane-se a amizade. Vou comer essa mulher.
Tudo combinado, Teco sai do trabalho no meio da tarde e vai para a casa do amigo. Lá chegando, escuta o barulho do chuveiro. Animado tira a roupa, pega champanhe na geladeira, duas taças, liga o som e se deita na cama. Está lá, peladão, fumando um cigarro, quando o barulho pára e quem sai do banheiro? Tico, seu melhor amigo.
— Teco, meu amigo de 30 anos, pelado na minha cama?
— Pois é. Terça-feira, eu chateado no escritório, sem nada para fazer, olhei para o relógio, 4 horas da tarde, pensei: taí, quer saber de uma coisa? vou dar pro Tico!

* * * * *

34 — O proprietário de vários puros-sangues de corrida chega em casa e encontra a mulher na cama com seu jóquei. Frio, controlado, dirige-e a ele e diz:

— Pode começar a procurar outro emprego, L. Pontes. Essa foi a última vez que você montou para mim.

* * * * *

35 — Era um sujeito tão, mas tão compreensivo que, no dia do enterro da mulher, ao ver o amante dela se descabelando perto do caixão, não teve dúvidas — se aproximando dele, bateu no ombro e consolou:

— Não se aborreça, meu caro. Eu caso de novo.

* * * * *

36 — Na fazenda, pai e filho olham uma cabra. O pai pega no rabo do animal, puxa para cima e olha a traseira muito atentamente. O filho fica intrigado:

— Pai, pra que isso?
— É pra saber se a cabra é boa. Se for, eu compro.
E o menino:
— Então o seu Zeca quer comprar a mãe.

* * * * *

37 — Eu descobri que minha namorada Verinha é a favor do amor livre!

— Ah... então é por isso que ela nunca aceita os meus cheques...

* * * * *

38 — Desconfiadíssimo da mulher, o homem chegou em casa mais cedo e começou a procurar, de arma na mão. Abriu a porta do armário e deu de cara com o amante dela:

— O que você está fazendo aí?
— Eu vim dedetizar o armário contra as traças...
— Mas pelado?
— Puta merda, já comeram minhas roupas!!!

* * * * *

39 — A garota chega em casa e vai logo contando à mãe:
— Mamãe! Mamãe!! Estive no escritório do papai e conheci a secretária dele. Ela parece uma boneca!
— Verdade! Ela é mesmo bonita! — disfarça o pai.
— E a garota:
— Eu acho que parece uma boneca porque quando papai a deita no sofá, ela fecha os olhinhos!

* * * * *

40 — O senhor pode me explicar como esse batom foi parar aí no colarinho da sua camisa?! — pergunta, furiosa, a mulher.

— Não posso explicar — responde o marido. Afinal de contas, não me lembro de nada do que aconteceu depois que tirei a roupa.

* * * * *

41 — Dois homens bebem num bar.
— Nunca transei com minha mulher antes do casamento. E você?
— Não me lembro... Qual é mesmo o nome dela?

* * * * *

42 — O casal, animadíssimo, quase no clímax, é interrompido pelo toque do telefone. A mulher levanta-se para atender. Quando volta, o homem pergunta, irritado:

— Afinal, quem era?
— Meu marido. Queria me avisar que vai chegar tarde em casa. Está jogando baralho com você e outros amigos.

* * * * *

43 — Casado há dois anos, Luís Carlos não consegue se livrar da insistência de Laura, que quer por tudo saber com quantas mulheres ele já dormira.

— Deixa isso pra lá, querida, se eu te contar você vai ficar zangada comigo...
Mas ela insiste, jura que não se zangará e ele, afinal cede:
— Está bem, vamos ver — começa, meio hesitante. Foram uma... duas, três, quatro, cinco, você, sete...

* * * * *

44 — Duas amigas confidenciam:

— Depois que meu marido flagrou o Marcão, jogador de basquete, dentro do armário e o Pedrão, jogador de vôlei, dentro do guarda-roupa, passei a traí-lo com o Luisinho, um gracioso anão de circo.
— Não acredito! Você trai o seu marido com um anão?
— É sim! E tem uma grande vantagem: meu marido nem desconfia que eu o escondo dentro do criado-mudo.

* * * * *

45 — Onde está o João?
— Internado no hospital.
— Não pode ser. Ainda hoje o vi num baile de Carnaval, com uma superloura.
— Pois é, a mulher dele também viu!

* * * * *

46 — Desconfiadíssimo, o marido chega em casa, ouve a mulher falando com alguém e pára antes de abrir a porta, escutando o restante:

— Vou mudar de posição um pouquinho — diz a mulher — Agora, mexa devagarinho que eu vou acompanhando... Se eu colocar o espelho perto da janela dá para você também ver... Isso... Está ficando bom. Continue, continue... Aí, achou o ponto... Segure um pouquinho aí... Ótimo... Perfeito... Pode descer agora. Quer beber alguma coisa? Sabe que meu marido tentou essa posição, mas não funcionou.
— No dia seguinte, o marido era manchete de jornal. Cego de ciúme, matou o instalador de antenas de TV.

* * * * *

47 — A amiga chora no ombro da outra:

— Eu nunca tive mesmo sorte na vida!
— Por que, Karen?
— A família dele é contra o nosso romance. O pai, a mãe, os irmãos, os sobrinhos...Todos!
E a amiga:
— Como é que pode ter gente tão má assim?
— É... a pior de todas é a mulher dele!

* * * * *

48 — O homem leva o filho ao pediatra:

— Doutor, o meu filho completou seis meses e até hoje não abriu os olhos...
— Abra os olhos você: esse garoto é filho de japonês!

* * * * *

49 — O condômino fofoca com o zelador do prédio:

— Ouvi dizer que aqui no prédio tem três caras que são traídos pelas mulheres...
— E quem são os outros dois?

* * * * *

50 — O pai para o filho:

— Filho, tenho uma coisa muito desagradável para dizer...
— Fala, pai.
— Eu estou apaixonado pela sua noiva!
— Ufa, que susto! Pensei que o senhor ia cortar a minha mesada!

* * * * *

51 — Um homem morreu e foi direto para o Ceú. Lá, é recepcionado por São Pedro:

— De que morreste, filho?
— Tosse...
— Tosse? Você estava tuberculoso, filho?
— Não, tossi dentro do armário...

* * * * *

52 — Valente, rosnava o mocinho para outro que ameaçava tomar-lhe a garota:

— Vou te quebrar a cara!... Se você tocar num fio de pentelho dela!

* * * * *

53 — O advogado diz para o cliente:

— Fique tranqüilo, sua esposa não quer mais um tostão do senhor, além do mais, vai assinar os papéis do divórico hoje mesmo.
— Que ótimo, o que aconteceu para mudar assim?
— Ela vai se casar com seu pai.

Maridos, esposas e casamentos

54 — No dia do aniversário de casamento, a mulher pergunta ao marido:

— Hermógenes, eu devo matar um peru para esta noite?
— Não, não — ele responde. Afinal, por que culpar uma pobre ave por algo que aconteceu há 30 anos?

* * * * *

55 — Grafite no banheiro masculino: "Eu transei com sua mãe". Embaixo alguém acrescentou: "Vai pra casa, pai. C tá de fogo!"

* * * * *

56 — Depois de anos e anos vivendo juntos, o homem ouve da mulher:

— Amorzinho, a gente podia se casar, não?
— E quem vai querer a gente?

* * * * *

57 — Aquela mulher era dominadora, insuportavelmente dominadora, mas mesmo assim consentiu em atender um único pedido de seu marido: foi consultar um psiquiatra. No dia marcado, foram os dois. O marido ficou na sala de espera e, quando a mulher saiu, depois de uma hora de sessão, perguntou:

— Como é, houve algum progresso?
— Não muito, ele é uma pessoa muito resistente. Imagine que levei mais de vinte minutos só para convencê-lo a mudar o divã para junto da parede. Mas depois ele concordou: ficou muito melhor!

* * * * *

58 — A mulher patologicamente ciumenta de um sujeito doentiamente mulherengo vai à cartomante. Cartas na mesa, assusta-se a vidente:

— Não posso lhe esconder a verdade: prepare-se para ser viúva. Seu marido vai morrer logo, logo.
— Sim, sim! — agita-se a consulente — mas veja o que diz aí: eu vou ser absolvida?

* * * * *

59 — Depois da transa, o casal se vira, cada um para um lado da cama, Passam-se alguns minutos de silêncio embaraçoso e, finalmente, ele diz:

— Você foi sensacional, sabia?

— Gostaria de poder dizer o mesmo de você — diz ela, disfarçando um bocejo.

— Poderia, querida, se ao menos você fosse tão mentirosa quanto eu.

* * * * *

60 — Quatro amigos se encontram num bar, bebem muito e vão embora embriagados. Passando por uma casa, um deles resolve apertar a campainha.

— Uma senhora sonolenta atende e diz:
— Bonito, em plenas 3 da manhã vocês completamente bêbados?
E um deles:
— Sem bronca, minha senhora, decida logo qual de nós quatro é o seu marido que os outros querem ir embora.

* * * * *

61 — Por que tem gente que é contra o sexo antes do casamento?

Porque tem medo de chegar atrasado à cerimônia.

* * * * *

62 — Inácio, por que você está demorando tanto? — pergunta, na cama, a mulher.

— Ora, querida — responde o marido —, é que hoje estou com uma dificuldade tremenda de pensar em outra pessoa.

* * * * *

63 — Davi — diz, um tanto tímida, a noivinha ao noivinho, já na cama, poucas horas depois da bonita cerimônia na sinagoga —, desculpa eu te perguntar, mas será que não te circuncidaram demais?

* * * * *

64 — A empregada ao telefone:

— O doutor Alonso não está, ele viajou...

— De férias?
— Não, a patroa também foi!

* * * * *

65 — Madrugada de domingo. O marido chega da farra quando o dia já amanhece. Pé ante pé, entra no quarto, senta-se cuidadosamente à beira da cama, tira os sapatos e, quando está descalçando as meias, a mulher desperta:

— Ah, bandido! Isso são horas de chegar em casa? Pois saiba que dessa vez...
O marido interrompe:
— Calma,calma! Ficou louca? Quem falou que estou chegando? Estou me trocando para ir à missa!

* * * * *

66 — Duas amigas estão no salão de beleza, as cabeças metidas num secador.

— E aí? — pergunta a primeira amiga — Como andam as coisas com o seu marido?
— De mal a pior, querida. Imagine que ele ouviu dizer que na África há um lugar onde as mulheres pagam aos homens 25 reais cada vez que eles transam com elas. Depois disso, o idiota vive ameaçando me largar para ir morar lá.
— E você não tem medo de que ele cumpra a ameaça?
— Que nada, querida. Em lugar nenhum do munda dá pra viver com 25 reais por mês!

* * * * *

67 — Sandra perde algumas calorias e, depois de muito esforço, consegue entrar num *jeans* azul que há tempos não vestia.

— Querido, não estou parecendo um hipopótamo com estas calças?
— De jeito nenhum, amor. Onde já se viu hipopótamo azul?

* * * * *

68 — O médico abre o jogo para o paciente:
— Infelizmente o senhor só tem seis meses de vida...
— E agora, doutor? O que devo fazer?
— Se eu fosse você, casava com uma mulher velha e bem feia e me mudava para o Paraguai...
— Por que, doutor?
— Seriam os seis meses mais longos da sua vida!

* * * * *

69 — O casal de meia-idade passeia pelo zoológico. Ao passar pela jaula do macaco, o animal puxa a mulher para dentro das grades e arranca toda a sua roupa. Ela se vira para o marido, desesperada:
— Você vai ficar aí parado? O que devo fazer?
E o homem:
— Faça o mesmo que você faz lá em casa, diga: "Hoje não, meu bem, estou com dor de cabeça, cansada, desanimada, etc."

* * * * *

70 — A moça ingênua, acaba de se casar e ouve um conselho da mãe:

— Minha filha, quando ele pedir que você se vire, não atenda nunca, jamais.
Mas o marido não pede. E a mãe volta várias vezes ao assunto, sempre aconselhando:
— Se ele um dia pedir, não vire, nunca, jamais.
Morta de curiosidade, uma noite a ingênua resolve esclarecer o caso com o marido:
— Benzinho... será que você nunca vai pedir que eu me vire?
E ele:
— Você está louca!? Está querendo engravidar?

* * * * *

71 — No teste para o emprego, o jovem candidato a espião recebe uma arma e a ordem de matar a mulher, que está na sala ao lado.
— Não posso — responde, — Casei-me há um mês. Gosto muito dela.
Outro candidato, mais maduro, diante da mesma missão, corre ao encontro da mulher.

O instrutor ouve tiros, seguidos de uma grande quebradeira.
— O que houve? — pergunta quando o homem volta com ar de satisfação.
— As balas eram de festim, senhor. Tive de matá-la a coronhadas.

* * * * *

72 — Lua-de-mel de um rico empresário de idade já avançada e sua noiva espetacular. Prevendo os momentos de intensa emoção que teria pela frente, o noivo, já na cama, diz, apaixonado:

— Querida, você vai me matar! Como poderei avisar se estou tendo um orgasmo ou um infarto?
— É simples — diz a irresistível morena. Se você apertar o seu peito, é a coronária. Se você apertar o meu, é orgasmo.

* * * * *

73 — Dois anos depois do casamento, o maridinho de consciência pesada encara a mulherzinha:

— Benzinho, vamos jogar o jogo da verdade. Contamos os nossos segredos, juramos guardá-los um para o outro e no fim a gente se perdoa.
— Combinado, amorzinho.
— Bem, vou começar — diz o homem, nervoso.
 Dois meses depois que nos casamos, eu tive um caso muito louco com tua irmã...
— O quê? Mas logo com a minha irmã? — ela interrompe, furiosa.
— Espera um pouco, você prometeu que perdoaria...
— Está bem, está perdoado, amorzinho. Agora é minha vez...
— Claro, claro! — ele diz, aliviado. Que pecadinho você tem pra contar pra mim, doçura?
— Amorzinho, dois anos antes da gente se casar eu era homem.

* * * * *

74 — No velório, em meio àquela tristeza, uma mulher olha para o caixão e começa a rir. A outra, assustada, puxa-a para um canto e diz:

— Que é isso, Camila? Rindo no meio do velório?
— Estou rindo daquele arranjo de flores em forma de coração em cima do caixão.

— E daí? Isso é uma homenagem que os amigos médicos estão fazendo para o falecido. Ele era o melhor cardiologista da cidade!
— É por isso mesmo que eu estou rindo. Quero só ver como é que vai ser quando o meu marido morrer... Ele é o melhor ginecologista da cidade!

* * * * *

75 — Sabe por que a maioria das esposas costuma transar de olhos fechados?

É porque não suportam ver o marido feliz.

Sexo, crianças e velhinhos

76 — O ingênuo doutor prescreveu sexo para insônia. Seus pacientes não conseguiram mais dormir. Em compensação, acordados, passaram a se divertir pra caramba.

* * * * *

77 — Preocupado, o sessentão vai ao médico:

— Por favor, doutor, me ajude: vou sair com três mulatas espetaculares e não posso falhar.
— Bem, tome uma gota deste estimulante que não tem problema. Mas só uma gota, porque é um remédio superconcentrado!
O sujeito vai para casa e vira o vidro inteiro na boca. Dia seguinte, está de volta ao consultório:
— Pelo amor de Deus, doutor, me arranje algo que alivie esta dor insuportável no braço!
— No braço?
— É, as mulatas não apareceram.

* * * * *

78 — O rapaz levou o amigo da cidade grande para passar o Carnaval na fazenda onde ele tinha nascido. Assim que chegaram, saíram para passear:

— Olha lá, Roberto. Foi naquela casa azul que eu nasci.
Andam um pouco mais e o rapaz continua apresentando a fazenda ao amigo:
— Eu fui batizado naquela igreja. Olha, Roberto, foi embaixo daquela árvore que eu transei pela primeira vez!
E o amigo:
— Que barato! Embaixo de uma árvore? E o que é que a garota falou?
— Mééééééé...

* * * * *

79 — Um homem candidata-se à única vaga numa empresa.

— Preciso desta vaga. Tenho 15 filhos!
E o entrevistador.

— Muito bem... E o que mais o senhor sabe fazer?

* * * * *

80 — A coroa para o garotão:

— De que é que você mais gosta em mim, do meu rosto lindo ou do meu magnífico corpo?

— Do seu senso de humor...

* * * * *

81 — O apresentador do circo anuncia:

— Agora, a mulher mais corajosa do mundo vai se deitar dentro da jaula do tigre e deixá-lo lambê-la inteirinha.

O tigre lambe, a platéia vibra. E o apresentador:
— Tem alguém com coragem para fazer o mesmo?

Um rapaz grita lá no fundo:
— Eu tenho, mas tira o tigre daí!

* * * * *

82 — O sujeito entra no elevador, aperta o botão do andar onde vai e, sem querer, esbarra o cotovelo nos seios da moça que está ao seu lado. Resolve se desculpar pelo incidente:

— Se o seu coração for tão mole quanto o que guarda no sutiã, sei que estarei perdoado.
— Sem dúvida — diz ela — Aliás, se o que você guarda na cueca for tão duro quanto o seu cotovelo, eu moro no apartamento 501, viu?

* * * * *

83 — Depois de uma longa e louca noite de amor, o médico contempla a adorável parceira, que ressona ao seu lado. De repente, ele sente uma forte sensação de culpa. "Calma, calma, Evandro", diz a si mesmo. "Você não é o primeiro médico que vai para a cama com uma paciente."

— É verdade — uma voz interior intervém —, mas lembre-se de que você é veterinário!

* * * * *

84 — A menininha pergunta ao irmão mais velho:
— Pra onde é que a cegonha vai depois que entrega o bebê?
— Pra dentro da calça do papai, é claro!

* * * * *

85 — A menininha de seis aninhos chega e fala para a mãe:
— Mãe, o pintinho do Joãzinho parece um amendoim. Por que, é pequeno? — pergunta ela, inocentemente.
— Não, é salgadinho.

* * * * *

86 — Poxa, Bete, pra que comprar esses sutiãs tão caros? — irrita-se o marido ao ver a conta da butique. — É um desperdício! Você não tem mesmo nada para pôr dentro deles, ora!

— Por isso não, queridinho... — ela responde. — E você, que há anos vem gastando inutilmente com cuecas?

* * * * *

87 — A garota vai toda contente ao banco com 5.000 reais, mas o caixa se recusa a receber o depósito, alegando que todas as notas são falsas.

— Meu Deus, socorro, socorro! — grita ela — Fui estuprada!

* * * * *

88 — Você transa com todas as suas modelos? — pergunta espantada a mocinha, depois da primeira experiência no estúdio do pintor.
— Não, você foi a primeira.
— Ah, jura? E quantas modelos você já teve antes de mim?
— Três: uma fruteira, uma jarra antiga e aquela ponte que você vê da janela.

* * * * *

89 — Doutor, é meio constrangedor contar isso, mas estou com um vibrador entalado dentro de mim...

— Isso acontece — ponderou o compreensivo médico. — Tire a roupa e deite-se para podermos tirá-lo.
— Tirar? — Não doutor, só quero que troque as pilhas...

* * * * *

90 — Algum tempo depois da separação dos pais, o garoto ouviu a mãe gemer, rolando na cama:

— Quero um homem, preciso de um homem...
Dois dias depois, viu que ela tinha companhia masculina, no quarto. Mais que depressa, foi para a sua cama e começou a gemer:
— Quero uma prancha de *surf*, preciso de uma prancha de *surf*.

* * * * *

91 — Ao ver a velha colega dos bordéis da vida entrar na sala de cirurgia para um transplante de coração, a mulher pergunta ao médico:

— E aí doutor, ela se recupera?
— Tem grandes chances, minha senhora. Afinal, em 30 anos ela nunca rejeitou um órgão.

* * * * *

92 — A menininha de seis anos pergunta à mãe:

— Manhê, eu posso ficar grávida?
— Não filhinha, só daqui a alguns anos.
— Tem certeza?
— Claro, queridinha.

A menina sai correndo para o jardim, onde a esperam uns amiguinhos, e diz eufórica:

— Vamos brincar de novo, turma!

* * * * *

93 — Alarmado com a bandalheira em sua paróquia, o padre fixou um cartaz na porta da igreja:

"Se está cansado de pecar, entre."
Aproveitando a deixa, escreveram embaixo:
"Se não cansou ainda, me ligue: Monique, 555-37..."

* * * * *

94 — Já avançado em anos, o homem ajoelha-se no confessionário e vai falando:

— Padre, estou transando duas vezes por dia com uma garota linda de 18 anos!!
— Mas, sr. Goldberg — interrompe o confessor —, por que me contar isso, se o senhor é judeu?
— Estou contando a todo mundo, padre, a todo mundo!

* * * * *

95 — Duas menininhas no jardim de infância conversam:
— Você soube? Eu encontrei uma camisinha no pátio.
— Pátio? Que é pátio?

* * * * *

96 — Comentário do garotinho, ao acordar à meia-noite para tomar um copo d'água e flagrar, pela porta entreaberta, a mãe fazendo sexo oral no pai:

— E depois *eu* é que preciso ir ao médico só porque chupo o dedo...

* * * * *

97 — A moça entra na tenda da cigana com os cabelos despenteados, a blusa meio aberta, a saia cheia de rasgões.
— Por favor, depressa! — diz ela à vidente.
— O que você quer saber sobre o futuro, meu bem?
— Que futuro que nada! Me conte só o que me aconteceu ontem à noite.

* * * * *

98 — Vovó, como é que as crianças nascem?
— É a cegonha que as trazem no bico, meus netinhos!
Paulinho vira para Martinha e diz:
— O que você acha? Contamos para ela?
— Melhor não... Deixa a velhinha na inocência...

* * * * *

99 — Joãozinho pergunta à mãe:
— Mãe, como foi que eu vim ao mundo?
— Bem... uma cegonha trouxe você...
— Ah, é? E o papai?
— O seu pai veio de um ovinho da Páscoa!
— Hum... E o vovô?
— O seu avô veio dentro do saco do Papai Noel!
— Ih, mãe... ninguém transa nesta família?

* * * * *

100 — Três homens, um brasileiro, um inglês e um americano, estão num navio que começa a naufragar. No momento de pular para os escaleres, o inglês grita:

— Primeiro, as mulheres e as crianças!
O americano olha para ele e diz:
— Fodam-se as mulheres!
E o brasileiro:
— Dá tempo?

* * * * *

101 — Na platéia estimulada pelo filme de sacanagem, uma garota faz sexo oral com um sujeito de chapéu, tão animadamente, que o filme acaba, acendem-se as luzes e os dois continuam. Finalmente se tocam — o sujeito tira o chapéu e cobre o colo, enquanto a garota finge procurar alguma coisa no chão.

Uma velhinha, que não tinha perdido um lance, diz:
— Se você não engoliu, tá debaixo do chapéu!

WB Editores
CADASTRO/MALA DIRETA

Envie este cadastro preenchido e terá todas as informações dos nossos lançamentos, nas áreas que determinar.

Nome _____
Endereço Residencial _____
Bairro _____ Cidade _____
Estado _____ CEP _____ Fone _____
Sexo ☐ Fem. ☐ Masc. Nascimento _____
Profissão _____ Escolaridade (nível) _____

Você compra livros:
☐ livrarias ☐ feiras ☐ telefone ☐ reembolso postal
☐ outros: _____

Quais os tipos de literatura que você LÊ:
☐ jurídicos ☐ pedagogia ☐ romances ☐ técnicos
☐ esotéricos ☐ psicologia ☐ informática ☐ religiosos
☐ outros: _____

Qual sua opinião a respeito desta obra? _____

Indique amigos que gostariam de receber a MALA DIRETA:
Nome _____
Endereço Residencial _____
Bairro _____ CEP _____ Cidade _____

Nome do LIVRO adquirido: Tudo o que você queria saber sobre uma amante e...

WB Editores

Rua Francisco Baruel, 70 – Santana
CEP 02403-020 – São Paulo – SP
Caixa Postal 12299 – CEP 02098-970 – SP
Tel.: (0_ _11) 6959.1127 – Fax: (0_ _11) 6959.3090
http://www.madras.com.br

Para receber catálogos, lista de preços
e outras informações escreva para:

WB
Editores

Rua Francisco Baruel, 70 – Santana
CEP 02403-020 – São Paulo – SP
Caixa Postal 12299 – CEP 02098-970 – SP
Tel.: (0_ _11) 6959.1127 – Fax: (0_ _11) 6959.3090
http://www.madras.com.br